LA
LUZ
DESPUÉS DE LA
MUERTE

LA LUZ DESPUÉS DE LA MUERTE

MI VIAJE AL CIELO Y DE REGRESO

VINCENT TODD TOLMAN

con LYNN TAYLOR

LIVING
GOD'S
LIGHT

Publicado en 2025 por Living God's Light
LivingGodsLight.org

TheLightAfterDeath.com

Diseño de cubierta por Wizdiz

Diseño de interiores por Eden Graphics, Inc.

Paperback ISBN 979-8-89454-060-3
eBook ISBN: 979-8-89454-061-0

Biblioteca del Congreso: pendiente

Impreso y encuadernado en los Estados Unidos de América

En honor a la luz y la divinidad en tu interior,
este libro está dedicado a tí.

La muerte no es más que una puerta
por la cual pasamos.

– Dr. George G. Ritchie,
autor de *Regreso del mañana*

PRÓLOGO

Por Richard Paul Evans

Autor de superventas del *New York Times*

Cuando tenía veintitantos años, experimenté lo que el poeta San Juan de la Cruz llamó la "Noche oscura del alma". Estaba en una crisis espiritual. Había sufrido una terrible crisis emocional mientras servía a Dios en una misión eclesiástica y nunca me había sentido tan confuso, solo o traicionado. Estaba enfadado con Dios por abandonarme cuando había sacrificado tanto para servirle y cuando más le necesitaba. Empecé a cuestionar muchas de mis creencias sobre Dios y la religión.

Fue entonces cuando cogí un libro que encontré en el mostrador de la recepcionista de la agencia de publicidad en la que trabajaba, titulado *Return from Tomorrow (Regreso del mañana)*. El pequeño libro estaba escrito por el Dr. George Ritchie. Más tarde me enteraría de que este pequeño libro había vendido más de dos millones de ejemplares y que no sólo era uno de los primeros libros sobre experiencias cercanas a la muerte (ECM) escritos en nuestros días, sino que era, posiblemente, el más importante jamás escrito. También me enteré de que ese libro fue el catalizador del revolucionario y bestseller *Life After Life*

(Vida después de la vida), del Dr. Raymond Moody.

Cuando pregunté a nuestra recepcionista de qué trataba el libro, me dijo que lo había escrito un hombre que estuvo clínicamente muerto durante diez minutos y lo que había experimentado del "otro lado del velo". Luego me dijo que era uno de los libros más importantes que jamás había leído.

Dado mi estado de ánimo en aquel momento, no buscaba un libro sobre Dios, pero sentía curiosidad por lo profundamente conmovida que ella estaba por el libro, así que decidí darle una oportunidad. Tenía una tarde tranquila, que rara vez tenía, y subí con el libro a mi despacho y empecé a leer.

Aunque había planeado leer sólo el primer capítulo, nunca dejé de leer, y terminé el libro esa misma tarde. El libro respondía a preguntas con las que había estado luchando y, lo que es más importante, me devolvió la esperanza y la fe en Dios. Me sentí espiritual y emocionalmente completo de nuevo, y estaba agradecido de que el Dr. Ritchie hubiera escrito este importante libro. En aquel momento, no tenía ni idea de que algún día el Dr. Ritchie y yo entablaríamos amistad.

Casi siete años después de leer el libro del Dr. Ritchie, escribí mi primer libro, una pequeña novela navideña titulada *The Christmas Box (La caja de Navidad)*. En su mejor momento, mi pequeño libro fue un bestseller internacional y, durante cinco semanas, ocupó el primer puesto en la lista de bestsellers del *New York Times*, el *Wall Street Journal* y el *USA Today*.

Fue un logro sorprendente para un libro que, inicialmente, nadie quería publicar. Tras un sinfín de rechazos de editoriales, decidí auto-publicarlo. Eso fue en 1992, mucho antes de que existiera la publicación bajo demanda. En esa época no existían los vendedores de libros en línea, ni Amazon ni BN.com, y la mayoría de los libros se vendían en pequeñas librerías. Eso me obligó a asistir a muchas convenciones de libreros para presentarles mi libro, con la esperanza de que lo vendieran en sus tiendas.

Fue en una de estas convenciones –la de los libreros de las Montañas y Llanos, en Colorado– cuando vi en el programa que el Dr. Ritchie iba a intervenir en un panel con varios otros autores de libros sobre experiencias cercanas a la muerte. En aquella época, el libro de Betty J. Eadie, *Embraced by the Light (Abrazada por la luz)*, era uno de los más vendidos en los Estados Unidos, y la gente estaba fascinada con el tema de las experiencias cercanas a la muerte.

Me di cuenta de que yo no era el único fascinado. La reunión estaba abarrotada y todos los asientos llenos. Acabé de pie, con muchos otros, al fondo de la sala durante toda la hora.

Tres autores compartieron sus experiencias. La primera en hablar fue una mujer llamada Ranelle Wallace, autora de *The Fire Within (El fuego interior)*. Lo que hizo especialmente creíble (y favorable) la historia de la Sra. Wallace fue que la causa de su muerte fue un accidente aéreo y que había sufrido quemaduras de tercer grado en gran parte de su cuerpo, un hecho claramente observable.

En cambio, el segundo autor era mucho menos creíble; de hecho, enseguida lo consideré otro cazafortunas, con la esperanza de conseguir una parte del filón de oro de las ECM que la Sra. Eadie había desenterrado.

Después de compartir su experiencia, un tanto extraña aunque muy creativa (afirmó haber viajado al cielo, acompañado por un músico de jazz que tocaba el blues más increíble, en un tranvía que dejaba tras de sí un rastro metálico plateado brillante como el que deja la estela de un caracol), los periodistas de la sala empezaron a interrogarle, y eventualmente a burlarse abiertamente de él. Cuando le preguntaron si había alguna prueba real de su muerte, actuó como si la pregunta nunca le había pasado por la cabeza. Hizo una pausa y dijo: "Bueno, fue como que trabajé hasta morir". *¿Trabajó hasta morir? Era escritor.*

El periodista preguntó entonces al autor si había experimentado alguna vez con LSD, a lo que toda la sala estalló en carcajadas.

El último autor fue el Dr. Ritchie. Me quedó claro que la mayoría de los presentes, como yo, habíamos venido para escucharle a él. No nos decepcionó. El Dr. Ritchie habló en voz baja y con inteligencia, pero con una convicción tan sencilla que nadie se atrevió a cuestionar lo que compartía. Habló con serena confianza, con la sencillez y franqueza de quien relata una vacación reciente que podría haber sido en cualquier lugar: París, Nueva York o, en este caso, la muerte.

Me conmovió profundamente. El Dr. Ritchie era un venerable psiquiatra estadounidense que ocupó altos cargos como Presidente de la Academia de Medicina General de Richmond, Director del Departamento de Psiquiatría del Hospital Towers y fundador y Presidente de Universal Youth Corps, Inc.

Cuando terminó la mesa redonda, me apresuré a acercarme a la sala para ver más de cerca a este hombre fascinante. El Dr. Ritchie estaba siendo escoltado fuera del escenario por su publicista cuando grité: "Dr. Ritchie".

Se volvió hacia mí. "Sí, señor".

"Su libro cambió mi vida".

Me miró un momento, luego sonrió y dijo: "Para bien, espero".

Entonces su publicista lo tomó del brazo, murmurando frenéticamente que el Dr. Ritchie llegaba tarde a la firma de su libro y que no tenía tiempo para hablar.

Quería conseguir varios ejemplares de su libro para compartirlos con mi familia, así que salí a la sala de firma de libros de la convención para encontrarle, pero descubrí que no estaba donde debía estar. Decepcionado, me alejaba por un pasillo lleno de gente cuando alguien me tocó en el hombro. Me di la vuelta y vi al Dr. Ritchie. Lo único que dijo fue: "Tenemos que hablar".

Encontramos un lugar tranquilo, lejos de las multitudes, y nos sentamos a hablar. Le pregunté por qué no estaba firmando libros. Me contestó con una calma sorprendente: "Al parecer, mis libros se han perdido. Pero no pasa nada. Siento que Dios quiere que hable contigo".

¿Por qué se sentiría impulsado a hablar conmigo?, me pregunté.

Durante la hora siguiente hablamos de su experiencia al otro lado de la puerta de la muerte. Le hice preguntas directas sobre su experiencia y sus respuestas me complacieron y asombraron. Sobre todo, me pareció que hablaba con auténtica seriedad. Él realmente quería que yo comprendiera el amor de Dios por mí. Me convertí en un verdadero creyente y, supongo, en un admirador. Fue el comienzo de nuestra amistad.

Seis meses después de ese programa, yo tenía uno de los libros más vendidos del mundo y me encontré, como el Dr. Ritchie, en una extensa gira literaria. (También llegué a conocer a Betty Eadie, autora del bestseller número 1, *Embraced by the Light*).

Una tarde, recibí una felicitación del Dr. Ritchie. Me dijo que estaría en mi ciudad y que su mujer quería conocerme. Me preguntó si tenía tiempo para almorzar con ellos. Lo hice, por supuesto. El Dr. Ritchie y su esposa, Marguerite, eran encantadores y humildes. El Dr. Ritchie había venido en avión para hablar en una conferencia sobre ECM y me invitó a ir a escucharle, invitación que acepté.

Nunca oí ni vi nada que me hiciera cuestionar la validez de su experiencia. Si realmente habló con Dios o no, honestamente no puedo saberlo con seguridad, pero no hay duda en mi mente que el Dr. Ritchie creía que lo había hecho. Me recuerda algo que el escritor Stephen King dijo una vez a un periodista que le preguntó por el origen de sus historias. "No me importa si cree o no lo que le he contado", dijo King, "con tal de que crea que yo lo creo".

Este fue el comienzo de mi fascinación por las experiencias cercanas a la muerte. Desde entonces, he hablado con muchas personas más sobre sus experiencias cercanas a la muerte. La verdad importa, y aunque me acerco a cada narrador cortésmente, lo hago con una buena dosis de escepticismo, haciendo todo lo posible para hacer coincidir la historia con su narrador. Y así sucedió cuando conocí al Sr. Vincent Tolman.

Conocí a Vincent en Phoenix, Arizona, en una conferencia de escritores que yo presentaba. Al principio no sabía que el libro que Vincent quería escribir trataba de una experiencia cercana a la muerte. Lo que sí sabía era que él era un hombre humilde y amable, y que su mujer y su hija le adoraban. Cuanto más le conocía, más me agradaba. Su sonrisa y su irónico sentido del humor atraían a la gente. (Vincent vive en Las Vegas, así que cuando alguien empezó a llamarle *Vinney Vegas*, se le quedó el apodo. Jajaja.) Me contó lo mucho que deseaba compartir su experiencia, pero que ni siquiera sabía cómo ni por dónde empezar.

Le aconsejé que empezara su libro contando su historia, grabando todo lo que pudiera recordar de la experiencia. Hizo lo que le aconsejé y me envió el archivo digital. Con mi ajetreado calendario y los plazos de entrega de mi libro, tardé unos meses en encontrar tiempo para escuchar su grabación de audio.

Francamente, me quedé asombrado por lo que oí. A excepción del libro del Dr. Ritchie, nunca había oído una experiencia de ECM tan profunda. La experiencia de Vincent no sólo fue fascinante, sino, lo que es más importante, esclarecedora. Me encontré reflexionando con frecuencia sobre lo que había aprendido de su experiencia y utilicé su perspicacia como filtro para comprender mejor nuestro mundo y su creciente caos. Con el tiempo, me sentí cada vez más iluminado, y pronto sentí, como Vincent, que su historia se debía compartir.

Lo que tienes en tus manos es el resultado de ese arduo proceso. Espero que tengas una experiencia como la que yo tuve al leer este libro, una de iluminación y paz, una que te llene de esperanza y de un mayor amor no sólo por Dios, sino por todas Sus creaciones. En pocas palabras, espero que encuentres en el viaje de Vincent precisamente lo que necesitas en tu viaje. Que Dios te bendiga con ese fin.

PREFACIO

Por Lynn Taylor

Este libro cambió mi vida. Me cambió a mí. Ahora soy una persona diferente de la que era cuando conocí la historia de Vincent. Por supuesto, como la mayoría de los cambios internos, fue un proceso. Elevar lo que uno es rara vez sucede en un instante.

Conocí a Vincent (sólo le he conocido como "Vinney") en una cena para hombres que buscan marcar una diferencia positiva en el mundo. Había docenas de hombres allí, y el bullicio de la actividad hacía difícil mantener una conversación profunda y significativa. Vinney y yo nos sentamos uno frente al otro e intercambiamos las anécdotas que pudimos durante la ajetreada cena.

La velada terminó y nos separamos, quizá para no volver a vernos. Cuando terminó, recordé dos cosas sobre Vinney.

Primero, que había tenido una interesante experiencia cercana a la muerte. Sin embargo, todavía se me dificulta llamarla una experiencia "cercana" a la muerte. Para mí, estar en una bolsa para cadáveres va más allá de "cercana". No me había enterado de muchos detalles de su experiencia, como las profundas lecciones que aprendió, pero recordaba que había echado algo más que un breve vistazo a través de la puerta que conduce al otro lado.

Lo segundo que recordaba de Vinney era su humilde sinceridad. Contaba la experiencia con naturalidad, como si hablara de un viaje que había hecho o de una escuela a la que había asistido. Era una de las personas más amables y sencillas que había conocido, y eso me impresionó.

Crecí creyendo en "el otro lado" y en que hay fuerzas activas en nuestras vidas que existen más allá de nuestros sentidos físicos. Aunque sabía que tenemos acceso a sentidos más allá de los mortales, nunca había confiado en que los míos fueran muy agudos. Había visto muchas veces esos sentidos en acción en otras personas, pero mi propia experiencia con ellos había sido fugaz y, en algunos casos, poco fiable (o eso creía yo).

Volvimos a encontrarnos en un retiro para escritores organizado por Richard Paul Evans, autor de bestsellers del New York Times, en su rancho en el sur de Utah. Yo estaba trabajando en una novela y Vinney se había esforzado por plasmar su experiencia en un libro.

Una tarde, después de comer, Vinney y yo nos sentamos en la sala del rancho, recostados en unas cómodas bolsas rellenas, para hablar de nuestros proyectos como escritores. Me sorprendió que Vinney me preguntara si le ayudaría a poner en palabras su experiencia. Lo que me sorprendió más que su pregunta fue que dije "sí" casi sin pensarlo. No estaba seguro de ser la persona adecuada para la tarea, pero confié en el juicio de Vinney y también seguí mi intuición. Me parecía la respuesta correcta y confiaba en que, de algún modo, todo saldría bien.

Vinney me envió la transcripción de una grabación de audio en la que relataba su muerte y lo que aprendió del otro lado. Fue mi primer encuentro con la totalidad de su viaje, y me fascinó. Me llamó la atención lo mucho que coincidían las lecciones que aprendió con mi experiencia de vida hasta ese momento. No me refiero a los detalles de la existencia después de la muerte. Me refiero a los principios de cómo tener una vida más satisfactoria y gratificante mientras aún estamos aquí. Las ideas que compartió convirtieron mi vida de vagas inferencias y suposiciones confusas en principios claros y concretos, y eso me entusiasmó.

A medida que trabajaba en el libro, también empecé a reconocer pensamientos e ideas que no eran míos. En las semanas y meses siguientes, mientras escribía y reescribía, a menudo me surgían preguntas que tenía que plantearle a Vinney. Entonces me di cuenta de que a veces recibía respuestas casi tan pronto como pensaba en la pregunta. Las respuestas entraban en mis pensamientos suavemente, como un susurro que tenía que estar preparado para escuchar. Siempre verificaba los detalles con Vinney, pero una y otra vez, lo único que hacía Vinney era confirmar la respuesta que yo ya había recibido, y tal vez añadir algunos detalles adicionales.

Lo que más me llama la atención es que ahora puedo recordar haber recibido susurros similares toda la vida y, en esos momentos de guía e inspiración, no haberlos reconocido por lo que eran. Mi incertidumbre había oscurecido mis sentidos internos a las espectaculares realidades invisibles de la existencia que me rodeaba.

Mi mujer, Donna, siempre ha tenido una gran sensibilidad para las cosas espirituales. Algún tiempo después de terminar el primer borrador, me dijo: "Cuando pasaba por tu oficina, siempre me daba cuenta si estabas trabajando en el libro de Vinney".

"¿Cómo lo sabías?," pregunté.

"Se sentía diferente, como si hubiera otras personas allí".

Ella tenía razón. Estuvieron participando desde el principio. Sólo me llevó tiempo, y no poca práctica y esfuerzo, el desarrollar mis sentidos espirituales lo suficiente como para reconocer su aportación. Estoy profundamente agradecido por su ayuda, no sólo por la ayuda en sí, sino por las habilidades que he adquirido gracias a ella. No puedo decir que sea perfecto en escuchar los consejos y orientaciones que recibo, pero ahora lo hago mejor. Ahora puedo añadir mi voz con toda confianza al creciente coro que canta que no estamos solos en esta vida. En verdad, nunca lo estamos.

Hay otro don que este libro ha traído a mi vida. Los principios de este libro han cambiado mi forma de ver el mundo, el universo y mi lugar en él. La vida puede ser difícil, pero la manera de tener una vida rica y plena es realmente muy sencilla. Los principios de este libro proporcionan una guía de aplicación universal sobre cómo empezar.

Ahora soy diferente de cuando empecé este camino, y estoy profundamente agradecido por los muchos dones que efectuaron esa transformación. Todavía no puedo ver más que unos pocos pasos por delante de donde me llevará mi sinuoso sendero, pero tengo una tranquila y firme seguridad de a dónde me lleva ese camino en última instancia. También estoy mejor preparado para aprovechar al máximo este viaje, dondequiera que me lleve el camino.

Mi esperanza es que tu experiencia con este libro te brinde los mismos resultados.

NOTA DEL AUTOR

Morí el sábado 18 de enero de 2003. Este hecho no se discute. Me sacaron de una bolsa para cadáveres. Aún conservo un trozo. Cuando los paramédicos me encontraron en el baño de un Dairy Queen, mi temperatura corporal era de 79 grados (Fahrenheit, 26 grados centígrados) y llevaba muerto 45 minutos. Tal vez más.

Este libro es mi intento de contarte los acontecimientos que condujeron a mi muerte, lo que aprendí mientras estuve al otro lado de la muerte y mis experiencias después de que me devolvieron a la vida. Digo *intento* porque, aunque he hecho todo lo posible por explicar lo que ocurrió, la naturaleza de la existencia en el otro lado es tan distinta de la de este mundo que explicarla plantea un reto único, como explicar una puesta de sol a alguien que nunca la ha visto o el sabor de la sal a alguien que nunca la ha probado. Recuerdo lo que vi, pero no siempre sé cómo describirlo con precisión. Lo mejor que puedo hacer es relacionarlo con cosas que conocemos aquí en la Tierra.

En primer lugar, me refiero a Dios con pronombres masculinos a lo largo de este libro. Como cristiano, identifico a Dios como varón y Creador del universo. Sea cual sea tu fe o tradición, utiliza tu propio nombre o visión de Dios. En mi progreso aprendí que el Creador tiene muchos nombres en muchas culturas, religiones y sistemas de creencias. Nuestro Creador nos creó a cada uno de nosotros, nos ama y responde a todos los nombres y conceptos que utilizamos cuando nos dirigimos a Él.

Mientras estaba separado de mi cuerpo, emprendí un viaje a través de otro nivel de existencia. Me acompañaba un guía que me enseñó diez principios fundamentales para ayudarme a progresar hacia un destino glorioso. Cuando vivimos en armonía con estos principios, elevamos nuestro ser y nos acercamos a nuestro Creador. Estos principios fundamentales son:

Sé auténtico

Comprende el propósito de la vida

Ama a todos

Escucha tu voz interior

Utiliza la tecnología de forma responsable

Abandona al prejuicio

Ejerce el poder de creación

Evita las influencias negativas

Comprende el propósito del mal

Entiende que todos somos uno

La comunicación y el aprendizaje al otro lado de la Muerte no ocurrieron exactamente como lo describo. En este libro, mi aprendizaje se presenta como una conversación, porque así es como nos comunicamos en la Tierra. Cuando mi guía compartía información conmigo en el Reino de los Espíritus, lo hacía más bien como una descarga de datos a mi mente, y yo desempaquetaba y procesaba la información mientras viajábamos hacia nuestro destino.

Aprender un principio es como oler salsa de espagueti. Reconoces al instante que es salsa de espagueti, pero si prestas atención, puedes empezar a distinguir los ingredientes: el ajo, el orégano y otras hierbas. El concepto de un principio era como oler la salsa, y la comprensión más profunda de las implicaciones y aplicaciones de un principio llegaba a mi entendimiento cuando lo analizaba más profundamente.

Espero sinceramente que mi experiencia te ayude en el camino de tu propia vida, y te ayude a reconocer y conectarte con el amor de Dios más plenamente en tu vida. Él es real, y te conoce y te ama—específica y singularmente a TI—más de lo que te das cuenta.

PRIMERA PARTE

Capítulo 1

EL DÍA QUE MORÍ

Lo único que pensaba cuando me desperté aquella fría mañana de enero era que tenía todo el día libre en mi trabajo de la construcción. Era sábado e iba a aprovecharlo al máximo. No pensé en llamar a mi madre para decirle que la quería. No pensé en todas las cosas que había dejado sin hacer, en los amigos que dejaría atrás y en la familia que me echaría de menos. No sabía que moriría ese día.

Me levanté de la cama y me metí en la ducha, pensando en mi día. Planeaba reunirme con mi mejor amigo Rob, comer algo rápido, hacer ejercicio en el gimnasio y luego ir al centro, a la Exposición Internacional del Automóvil de Utah, en Salt Lake City.

Me apresuré con mi rutina matutina, cogí las llaves del coche, me puse la chaqueta de invierno y salí al frío. El blanco perla de mi Mitsubishi Eclipse parecía casi gris bajo el manto de nubes que no se decidían a nevar. Me senté en el asiento del conductor, encendí el motor y eché el auto en reversa para salir a la calle.

El trayecto hasta la casa de mi amigo fue tan corto que la calefacción del coche ni siquiera tuvo tiempo para calentar el frío interior, pero me dio tiempo para reflexionar sobre lo mucho que Rob había cambiado mi vida en tan sólo unos meses. Rob había encendido en mí la pasión por la salud y el acondicionamiento físico. Habíamos pasado literalmente cientos de horas juntos entre trabajar en un negocio relacionado con la salud, hacer ejercicio y fortalecernos. Compartíamos nuestras investigaciones y descubrimientos, incluidos nuevos suplementos nutricionales que nos ayudarían a estar aún más fuertes y sanos. La vida era maravillosa y prometedora.

Rob vivía en un barrio tranquilo de Orem, a pocos kilómetros de mi casa. Me estacioné delante de la casa de Rob y corrí hasta la puerta, dando un rápido golpe de cortesía al entrar.

"Oye, Rob. ¿Estás listo?"

La voz de Rob llegó desde el sótano: "Ahora subo".

Me fijé en una caja marrón, del tamaño de una botella de aguagrande, que había sobre la mesa de la cocina. La etiqueta blanca de envío me dio una pista sobre su contenido.

"¿Es este el nuevo suplemento que pediste hace unas semanas?", le grité.

"Sí, hermano", dijo Rob mientras subía las escaleras. "Estoy ansioso por probarlo". Su cabello oscuro aún estaba húmedo. Era fuerte y delgado, un poco más bajo que yo. Su sonrisa contagiosa iluminaba sus ojos grises y verdes. "Tomemos un poco antes de ir al gimnasio".

Rob abrió el paquete y sacó una botella grande de plástico

blanco. Su colorida etiqueta estaba impresa con una letra extranjera de aspecto asiático.

"¿De dónde es esto?", pregunté.

"Lo pedí a Tailandia", dijo. "Todos los proveedores estadounidenses estaban agotados. Aunque debería ser igual que el americano".

Rob vertió con cuidado el líquido transparente en el tapón de la botella y se lo bebió. Midió otra y me la dio. Me lo bebí de un trago. El suplemento que tomábamos normalmente sabía a agua con limón. Este sabía agrio y amargo.

Casi tan pronto como la bebida pasó por mis labios, supe que algo estaba mal. En cuestión de segundos, una frialdad me recorrió el cuerpo desde el vientre. Me volví hacia Rob. "¿Sabía raro?".

Parecía preocupado. "Algo es diferente con esto. No me siento muy bien".

"Yo tampoco. Vamos a comer algo. Eso podría ayudar".

"Buena idea. Yo conduciré".

Salimos hacia el Nissan Maxima de Rob. Echó el carro en reversa, salimos por la entrada de carros y nos fuimos por la calle.

El peculiar efecto del suplemento se intensificó. Algo estaba muy mal. Sentía los muslos fríos, como si no recibieran suficiente flujo sanguíneo. Sólo habíamos conducido unas pocas cuadras cuando la cabeza de Rob empezó a balancearse y sus ojos aletearon, como si se estuviera durmiendo.

"¡Rob!" Lo agarré del brazo y lo sacudí. "Paremos en el Dairy Queen".

Rob asintió y un momento después aparcó el coche en el restaurante.

La sensación de frío me subió por la columna vertebral. Las náuseas me revolvieron el estómago y sentí una repentina y poderosa necesidad de ir al baño. De repente tuve miedo de ensuciar el coche de Rob. En cuanto estacionó el coche, me bajé de un salto.

"Voy al baño". Atravesé la entrada tropezando, recorrí el corto pasillo y entré al baño de caballeros, de una sola plaza. Cerré la puerta y, mientras caminaba hacia el inodoro, las paredes de azulejos azules empezaron a girar. Caí al suelo y me desmayé.

Tiempo después me enteré que Rob había tenido una experiencia similar: se deslizó hasta una cabina, se desplomó sobre la mesa y vomitó.

El joven jefe de turno oyó las arcadas de Rob y se asomó a la esquina para investigar. Encontró a Rob inconsciente sobre su propio vómito, con el cuerpo temblando. Volvió corriendo detrás del mostrador y llamó al número de emergencias para pedir una ambulancia.

Por desgracia para mí, me había caído de espaldas y, al vomitar, todo lo que salió de mi estómago fue succionado por mis pulmones, obstruyendo mis vías respiratorias.

Fue entonces cuando morí.

Capítulo 2

ESTAR MUERTO

En cuanto mi cabeza golpeó el piso, sentí que mi ser se sumergía por completo en una sensación de frescor maravillosa, como el agua. Me sentía ingrávido, como flotando en el aire. Tuve la sensación de estar sentado y miré a mi alrededor, intentando ver algo, cualquier cosa, pero era como si todo estuviera oculto en la niebla.

Cuando la niebla se disipó poco a poco, estaba contemplando un drama que se desarrollaba debajo de mí, en el comedor del Dairy Queen. Era como si estuviera viendo una película desde un cómodo sillón y el director hubiera decidido rodar todas las escenas desde arriba. Pero también estaba seguro de que lo que estaba viendo ocurría en la vida real.

Mi atención estaba tan centrada en lo que ocurría debajo de mí que la extrañeza de mi situación nunca me pasó por la cabeza, como cuando estás en un sueño y aceptas todo lo que ocurre, por surrealista que sea.

Vi a Rob extendido sobre la mesa de un reservado, con el vómito cubriendo la mesa, los asientos y el piso. Los trabajadores del restaurante estaban frenéticos. Podía sentir sus emociones: preocupación, miedo, inquietud, impotencia. Sentí especialmente la angustia del gerente adolescente. Era alto y delgado, con el pelo corto y castaño, los bordes del flequillo escarchados con reflejos. Sus ojos azules como los de un bebé no dejaban de mirar hacia arriba, como pidiendo ayuda a Dios. No dejaba de pensar: "Este tipo va a morir, y en mi turno". Y yo oía una voz de mujer dando vueltas por la mente del joven: "Si no dejas este empleo, no irás a ninguna parte". De alguna manera supe que la voz era la de su madre.

Pude sentir el alivio de los empleados cuando un equipo de paramédicos entró corriendo por la puerta. De repente, ya no era asunto suyo, aunque me di cuenta de que seguían preocupados por el pobre joven tendido inconsciente sobre la mesa.

Los médicos cargaron a Rob en una camilla, lo llevaron a la ambulancia y se fueron a toda velocidad, con las sirenas a todo volumen.

Estaba preocupado por Rob e intenté seguirle, pero no pude. Cada vez que intentaba moverme, sin importar la dirección, alguna cuerda invisible me impedía ir más allá del Dairy Queen.

Entonces me fijé en el cuerpo inmóvil de un joven que yacía en el suelo del cuarto de baño. También estaba cubierto de vómito. Supe inmediatamente que estaba muerto. El cuello del cadáver estaba hinchado casi hasta la anchura de la cabeza, y su piel estaba moteada de un morado intenso, con manchas amarillas en las mejillas. El cuerpo que contemplaba era tan grotesco que parecía falso, como el accesorio barato de una película de terror de serie B. Sentí lástima por el hombre. No tenía ni idea de quién era.

Volví mi atención al comedor del restaurante y vi a una chica, de unos dieciséis o diecisiete años, limpiando el vómito de la mesa. Llevaba el pelo rubio recogido en un moño y un delantal negro cubría la parte delantera de su camisa de uniforme azul y sus pantalones negros. El encargado se acercó a ella, llevando un cubo y balde y un trapeador. Sentí que las emociones de todos empezaban a calmarse al sumergirse en la rutina del trabajo.

Mientras limpiaban el reservado, entró una pareja de mediana edad. Se notaba que estaban casados. Dudaron al ver la limpieza en curso, pero se acercaron al mostrador y pidieron su comida. Cuando la comida estuvo lista, se sentaron en un reservado cerca del baño. Les escuché hablar de la nueva esposa de su hijo mientras comían.

Al cabo de un rato, el marido se levantó y se dirigió al cuarto de baño. Cuando comprobó que estaba cerrado, volvió a su asiento y reanudó la conversación. Unos cinco minutos después, volvió a intentarlo. Su necesidad de ir al baño iba en aumento, y esta vez, cuando volvió a su asiento, permaneció concentrado en la puerta. Esperó otros quince minutos antes de impacientarse y golpear la puerta con el puño. Esperó una respuesta y oyó sonar un teléfono en el baño. Se acercó al cajero.

"Creo que alguien está en apuros en el baño. La puerta está cerrada y oigo sonar un teléfono, pero nadie contesta".

"Se lo haré saber al gerente", dijo el cajero.

Miré desde arriba mientras el encargado tomó las llaves del gancho de la pared y caminó desde la cocina hasta la puerta del baño. Llamó a la puerta. No hubo respuesta. Volvió a llamar y abrió la puerta.

La puerta giró hacia dentro para mostrar el cadáver. Sabía que estaba mirando a un hombre muerto. "Dios mío", jadeó el gerente. "Tenemos otro. ¡Amanda, llama al número de emergencias!".

La chica cogió el auricular inalámbrico de su soporte en la pared y marcó los números. "Tenemos una emergencia. Necesitamos otra ambulancia enseguida". Les dio la dirección mientras caminaba hacia donde estaba el gerente, a la salida del cuarto de baño, y le entregó el teléfono.

"¿Diga? Sí, soy el gerente. Ajá. Está bien". Se volvió hacia la chica. "Dicen que compruebe si tiene pulso en la muñeca".

Ella se quedó mirándolo.

"Ándale", dijo. "Tócale la muñeca para ver si tiene pulso".

Horrorizada, entró obedientemente al cuarto de baño. Se agachó junto al cadáver, pero no hizo nada.

"Hazlo", la instó el gerente. "Sólo tócale la muñeca".

Pellizcó la muñeca del hombre entre el pulgar y los índices, levantándola unos centímetros y soltándola inmediatamente.

"Está frío".

"Está frío al tacto", dijo el encargado. Esperó más instrucciones y colgó. Le dijo a la chica: "Me han dicho que no toque nada. Aléjate y asegura el cuarto. Van a enviar una ambulancia y a la policía".

Los clientes se asomaron para ver por qué tanto alboroto, y el personal del restaurante por turnos volvió al baño para contemplar la espeluznante escena. Podía sentir la tristeza que emanaba de cada persona mientras miraba al hombre en el piso del baño. Sólo el cocinero se negó a ir a ver. Supe que ya había visto la muerte antes. No necesitaba verla otra vez.

Pasaron diez minutos más hasta que llegó otra ambulancia con luces intermitentes y una sirena a todo volumen. Tres paramédicos entraron corriendo en el cuarto, cada uno con una bolsa de equipo médico. Uno de ellos sacó una mascarilla con una botella exprimible, mientras que el paramédico encargado enviaba al tercero a la ambulancia por algo.

"Ya está frío", dijo el paramédico encargado. Abrió la boca del cadáver. "Ha aspirado vómito". Su intensidad emocional bajó. "Ayúdame a comprobar si hay heridas".

Los dos paramédicos trabajaron juntos para girar el cadáver y comprobar si presentaba lesiones.

"No hay señales de crimen", dijo el paramédico encargado.

"Ya está empezando a ponerse rígido", respondió el otro paramédico.

"Sí. Probablemente ya lleva muerto entre treinta y cuarenta y cinco minutos".

Cuando hicieron rodar el cuerpo hacia atrás, pude ver a qué se referían. El cuerpo no estaba completamente rígido, pero sí las articulaciones.

"Voy a estimar la hora de la muerte", dijo el paramédico encargado. Pude sentir la tristeza que lo embargaba. "Lo comunicaré por radio".

El tercer paramédico volvió a la sala con un pequeño maletín en las manos. El paramédico encargado sacudió la cabeza y dijo: "Ya murió". Sacó su radio portátil e informó de la situación al operador.

Me di cuenta de que el tercer paramédico era un novato y de que era su primera experiencia profesional con la muerte. Estaba cabizbajo.

Tuvieron que esperar diez minutos antes de recibir el visto bueno para embolsar el cadáver. Colocaron el cadáver en una bolsa amarilla brillante, cerraron la bolsa, sujetaron la bolsa con el cuerpo a una tabla y lo llevaron a una camilla situada fuera de la ambulancia. Ataron el cuerpo a la camilla por los tobillos, la cintura y el cuello, y luego lo metieron en la ambulancia con la cabeza por delante.

El paramédico encargado volvió a entrar, preguntó a los empleados qué había ocurrido antes de que ellos llegaran y ayudó al gerente del restaurante a llenar los formularios necesarios. Se dieron la mano y el equipo de paramédicos se dispuso a marcharse.

En ese momento, un auto de policía entró en el estacionamiento. El agente salió y se acercó al paramédico.

"Le dije a la central que no hacía falta que saliera", dijo el paramédico.

"Lo sé", respondió el agente. "Estaba por la zona y pensé en pasar de todos modos".

El paramédico encargado señaló la ambulancia con el pulgar. "Ya tenemos el cuerpo cargado". Sacó un formulario de su portapapeles y se lo entregó al agente. "Aquí tiene el informe de los testigos. Vamos a recomendar un análisis toxicológico".

"Me parece bien. Gracias".

"¿Necesita algo más de nosotros?"

"No, gracias. Qué triste".

"Sí. Bueno, seguiremos nuestro camino". Los paramédicos cerraron las puertas traseras de la ambulancia, aseguraron los compartimentos de almacenamiento y tomaron asiento en la ambulancia. Era más de mediodía cuando la ambulancia se alejó lentamente y se dirigió al depósito de cadáveres del condado.

Capítulo 3

UN PASO DE NOVATO

Los paramédicos estaban en silencio sombrío mientras se dirigían a la oficina del forense. Podía oír los pensamientos errantes del paramédico novato sentado a solas con el cadáver en la parte trasera de la ambulancia. Intentaba descifrar qué había pasado y qué podrían haber hecho de manera diferente. *No puedo creer que perdimos a este*, pensó. *Ni siquiera tuvimos la oportunidad de ayudarle. Ojalá lo hubiéramos podido intentar.*

Sentí que le dolía el corazón. Noté que una cálida luz dorada empezaba a florecer alrededor de su corazón. Parecía que un sol en miniatura crecía dentro de él.

Entonces oí y sentí un estruendo, como un terremoto. Miré a los paramédicos, pero no estaban afectados; sólo yo podía sentirlo. El estruendo se volvía cada vez más intenso y fuerte. Me di cuenta de que ocurría detrás de mí y de que se acercaba rápidamente. A medida que se intensificaba, algo parecido a una estrella fugaz pasó por mi lado derecho y golpeó al joven novato en el corazón.

Todo su ser se iluminó. Fue como si el pequeño sol que llevaba dentro se convirtiera en una supernova. Oí una voz poderosa y dominante que desde la luz declaró: "Éste *no está muerto*".

El novato miró a su alrededor en busca del origen de la voz. Me sorprendió que no actuara de inmediato. La voz era tan fuerte y resonaba con tanta autoridad y poder que me sonó como la voz de Dios, o quizá de alguien cercano a Dios. Sin embargo, sentí la duda del novato y oí su pensamiento: *Te lo has imaginado.*

Implacable, el resplandor brilló y se extendió desde su corazón hasta la coronilla de su cabeza. Mientras observaba cómo se transformaba el novato, la voz de la luz le golpeó más fuerte y con más fuerza.

"¡Este hombre no está muerto!".

El novato saltó a la acción.

Para mí estaba claro que los otros dos paramédicos de la parte delantera de la ambulancia no habían oído nada. Aunque los otros dos tenían mucha más experiencia, la luz sólo había conectado con el novato y le había hablado.

El novato se acercó al cuerpo inmóvil y desabrochó en silencio las correas que rodeaban el cuello y la cintura, y luego bajó la cremallera de la bolsa amarilla brillante hasta las rodillas. *Espero que esté vivo,* pensó. *Espero que le lata el corazón.* Apretó los dedos contra el cuello descolorido, buscando el pulso.

Al no encontrar nada, movió la mano hacia el brazo derecho del cadáver y volvió a intentarlo. De nuevo, nada. Luego probó en el interior del muslo derecho del hombre. Todavía nada.

Presionó más fuerte hasta que sintió el tejido duro. De repente, sentí una sacudida como de electricidad estática. Supe que él también debía de sentirla, porque sus pensamientos pasaron de la débil esperanza a la acción frenética.

Cogió un equipo de traqueotomía, hizo una incisión en la garganta del joven e introdujo un tubo de traqueotomía. Una vez asentado el tubo, cortó la ropa del hombre y le colocó almohadillas adhesivas de desfibrilación.

Su mente repasaba su entrenamiento mientras repetía una oración silenciosa: "Por favor, Dios, ayúdame a hacer lo que tengo que hacer. Por favor, Dios, ayúdame".

Encendió la máquina y sonó un tono de preparado. Al oírlo, los paramédicos del asiento delantero se volvieron, horrorizados.

"¿Qué haces?", gritó el médico del asiento del pasajero. "¡Para! Te van a despedir".

El novato le ignoró. Sabía que la voz que había oído era real. Activó el desfibrilador para dar una descarga al cuerpo. Mi visión se llenó de un destello blanco.

No hubo latido.

El paramédico encargado se dio la vuelta y le gritó: "Déjate de tonterías. Está muerto. Déjalo en paz. Tienes que saber cuándo dejarlo ir".

El desfibrilador indicó que estaba cargado y listo de nuevo. Electrocutó el cuerpo por segunda vez. Esta vez no vi ningún destello. El monitor cardíaco registró un solo latido y luego nada.

"Esto constará en tu expediente", dijo el segundo paramédico. "Será mejor que pares o te despedirán".

El desfibrilador estaba listo de nuevo. El novato activó la máquina por tercera vez, enviando una sacudida por todo el cuerpo. Nada. Y luego... un latido. Moderado al principio, luego más fuerte y constante.

"¡Tengo un latido!"

Los paramédicos de delante se miraron con los ojos muy abiertos. Entonces el del lado del pasajero se brincó su asiento para ayudar al novato.

La ambulancia estaba a pocos minutos de un centro de urgencias totalmente equipado. El conductor cogió la radio y marcó una serie de códigos para el Hospital Regional de Timpanogos. Encendió las luces y las sirenas y cambió el rumbo hacia el hospital.

Los dos paramédicos trabajaron frenéticamente para preparar el cuerpo reanimado para el hospital. Sus manos se movían tan deprisa que apenas podía seguir lo que hacían: quitar correas, cortar el resto de la bolsa del cadáver, una inyección en el pecho, otra en el brazo. Sentí la alegría que irradiaban y compartí su felicidad por haber salvado a aquel pobre hombre, fuera quien fuera.

Se detuvieron en la entrada de Urgencias, donde un médico y dos enfermeras esperaban con una camilla. Los paramédicos sacaron a su paciente de la parte trasera de la ambulancia y levantaron la tabla sobre la que descansaba el joven y la pasaron de una camilla a otra. La sacaron de debajo de él y, a continuación, retiraron los jirones de la bolsa que aún quedaban adheridos a su cuerpo.

Junto con otro médico y una enfermera, el equipo médico trasladó el cuerpo al interior y por el pasillo. De repente, el hombre empezó a convulsionar. Una enfermera corrió a procurar correas para sujetarle las extremidades. Volvió y le ató las piernas, luego el brazo derecho y empezó a atarle el brazo izquierdo. Mientras lo hacía, sentí un tirón en mi propio brazo izquierdo. Por reflejo, lo resistí con fuerza. Al mismo tiempo, el brazo izquierdo del hombre tiró de la correa y la soltó de la cama. Fue entonces cuando me di cuenta de que estaba viendo mi propia reanimación.

La sensación de frescor que me rodeaba se tornó en un frío glacial cuando el miedo se apoderó de mí. No sabía qué iba a ocurrir a continuación. Si había muerto, ¿por qué seguía aquí? Sentí el pánico y el miedo del equipo médico que hacía todo lo posible por mantener mi cuerpo con vida. Su miedo alimentó el mío y una oscura niebla gris se cerró a mi alrededor. Me sumí en una oscura desesperación.

Capítulo 4

MI GUÍA

Mi pánico crecía y me sentía impotente para detenerlo. En un instante, mi mente repasó todas las cosas malas que había hecho en mi vida. Eran tantas. En ese momento me juzgué a mí mismo, y mi sentencia fue que no merecía ser salvado.

Pero entonces vi inmediatamente todo el bien que había hecho en mi vida. Lo vi no sólo desde mi propia perspectiva, sino también desde la de todas las personas a las que había ayudado. Muchas veces, ni siquiera sabía que estaba haciendo el bien. Mi influencia superaba con creces mi conciencia. Obtuve una perspectiva de toda mi vida en una milésima de segundo.

En ese momento, sentí un calor y un resplandor detrás de mí, como el sol en un luminoso día de verano. Se posó sobre mis hombros y mi espalda, y se extendió lentamente sobre mí. El calor era como amor puro que inundaba todo mi ser y se llevaba el frío miedo. Mi preocupación se evaporó a medida que el calor me limpiaba de la angustia, el dolor y la preocupación por todo lo que acababa de presenciar. Me volví hacia la calidez y la luz que me llenaban. Al girarme hacia la fuente de la luz, vi a un hombre.

Ante mí estaba de pie un hombre que parecía a la vez de mediana edad e intemporal. Su cabello blanco le llegaba hasta los hombros y le rodeaba la cabeza, majestuoso como la melena de un león. Su barba, también blanca y brillante, terminaba en la parte inferior del pecho. Llevaba lo que parecía ser una túnica de color blanco puro que le llegaba hasta los tobillos, con mangas holgadas que le llegaban hasta las muñecas. La túnica estaba abierta por delante, dejando ver una camisa y unos pantalones blancos, y un fajín alrededor de la cintura. Alrededor del cuello y sobre los hombros llevaba una sencilla estola de color crema dorado que llegaba hasta la parte inferior de la túnica.

Su piel parecía rosada, pero brillaba como la arena en una playa soleada. Pero lo que más me llamó la atención fueron sus brillantes ojos azules. Parecían atravesarme y sentí que, de algún modo, me conocía.

Me miró con una sonrisa cariñosa y sentí que irradiaba una abrumadora sensación de ternura y amor. Sentí que su bondad inundaba literalmente mi ser, y mi corazón se deleitó en su radiante calidez. Mi primer pensamiento fue: "¿Eres Dios?".

El hombre se rió un poco. "No, hijo. No soy Dios".

"¿Eres Jesucristo?".

Volvió a reírse. "No, hijo. No soy Jesucristo".

"Entonces, ¿quién eres?".

"Puedes llamarme Drake. Soy tu guía y te acompañaré en la dirección que quieras ir". Señaló detrás de mí. "Puedes volver a tu cuerpo si lo deseas. O, si quieres venir conmigo, te mostraré cómo continuar hacia el siguiente paso en tu existencia eterna".

No lo dudé. No quería volver a ese dolor, preocupación y miedo. Cualquier cosa sería mejor que el frío amargo de esas emociones. "Quiero ir contigo, dondequiera que sea".

Mientras hablábamos, ambos nos acercamos lentamente, como si flotáramos en el aire. Drake se colocó a mi lado.

"Todo lo que tenemos que hacer es aprender juntos. Iremos a un lugar increíble donde podrás sanar de tu vida y prepararte para tu próximo papel".

Debo admitir que mi siguiente pensamiento fue impulsado por el ego. "¿Qué tengo que aprender? Soy cristiano. Ya sé todo lo que necesito saber para ir al cielo".

Drake parecía estar consciente de mis pensamientos y le divertía mi confianza. "Déjame mostrarte un pequeño vistazo de lo que aún tienes que aprender".

Me hizo comprender la inmensidad de mi pequeña parte del universo y lo complejos y universales que eran los principios que me iba a enseñar. En aquel momento, me sentí abrumado por la inmensidad de todo aquello. Era una descarga masiva de información, mayor de lo que yo podía absorber, pero vi y comprendí que había más formas de vida de las que yo podía imaginar. Comprendí que estos principios iban más allá de mi diminuta existencia y se aplicaban a todas las creaciones de Dios en todas partes. Fue como si alguien me hubiera dicho: "Voy a enseñarte a diseñar y construir un crucero", y yo, en respuesta, levantara un diminuto barco de juguete y declarara: "Ya sé hacerlo, ¿ves?".

Me sentí humilde y asombrado. Me sentí como un niño que sólo había conocido su pequeña aldea durante toda su vida y que ahora contemplaba el mundo entero.

En toda nuestra comunicación no hubo condescendencia, sólo bondad. Su proceder me ayudó a sentirme bien con lo que me enseñaba y, al mismo tiempo, me hizo darme cuenta de lo infantil que había sido. Había tanto conocimiento. Yo ni siquiera había empezado a aprender una mínima parte.

"De acuerdo", dije. "Adelante".

Drake sonrió y me guió hacia delante. Nos deslizamos lejos de la batalla por mantenerme con vida que los médicos y enfermeras libraban debajo de mí.

"Hay muchos principios y verdades que tendrás que abrazar para poder llegar a donde quieres ir. Voy a guiarte un paso, un principio, a la vez para llevarte allí".

Cuando me asenté en el viaje, me di cuenta de que en realidad no hablábamos entre nosotros como una persona habla con otra en la Tierra; nos comunicábamos de mente a mente, de espíritu a espíritu. Cada uno enviaba y recibía en una frecuencia específica, como las ondas de radio, que operaba a un nivel mucho más alto del que comunicamos verbalmente como mortales. Ya no estaba limitado por los aspectos físicos de la recepción y comprensión de la información. Hacía una pregunta en mi mente y él me devolvía la respuesta al instante; simplemente la oía en mi mente, de él, en su voz. Se sentía como amor puro que enviábamos y recibíamos entre nosotros.

Aceleramos a través del espacio, moviéndonos a una velocidad que parecía imposible. Parecía como si estuviéramos rodeados de una burbuja de luz blanca, pero podía ver todo lo que nos rodeaba. Tenía la sensación de distancias enormes y de galaxias enteras que pasaban zumbando como rayos de luz. Era como viajar en avión, donde sabes que te mueves a cientos de kilómetros por hora, pero te sientes como si estuvieras sentado tan cómodamente como en la silla de tu casa. Miré a mi alrededor con asombro.

"¿Te gustaría parar y echar un vistazo?", preguntó Drake.

De alguna manera intuía que mi tiempo era limitado, y que un desvío significaría menos aprendizaje de camino a nuestro destino. "No, sigamos adelante".

Drake asintió y se deslizó frente a mí. Me encaró y me miró al alma con aquellos ojos.

"Voy a enseñarte principios que son esenciales para tu crecimiento personal. Tú escoges si los aceptas o no".

"¿Qué pasa si no los acepto?".

"Entonces vas por otro camino. Puedes continuar tu existencia tal como eres, pero eso es todo. Si quieres crecer, aumentar tu capacidad y realizar tu potencial, todo depende de que aceptes y vivas de acuerdo con los principios fundamentales".

"¿No hay castigo por no aceptarlos?".

"Sólo en el sentido de que te estás privando de una mayor plenitud, de una mayor alegría y felicidad. Así que, en realidad, sólo te estarías castigando a ti mismo".

"Comprendo".

SEGUNDA PARTE

Capítulo 5

SÉ AUTÉNTICO

"El primer principio que hay que aprender es a ser auténtico", dijo Drake.

Esto me sorprendió. "¿En serio?".

"¿Esperabas otra cosa?".

"No lo sé. Pensé que tal vez el amor, o la obediencia, o algo así".

Drake se rió. "Créeme, llegaremos a esos principios. Pero el primer principio, y el más importante, es la autenticidad. Es de vital importancia para el propósito y la felicidad de nuestra alma. Verás, en el reino físico, somos seres espirituales viviendo en un cuerpo físico a un nivel muy bajo...". Vaciló un momento, y luego dijo: "Vamos a relacionarlo con algo que puedas entender. Llamémoslo frecuencia. El reino físico funciona en una frecuencia muy baja. El espíritu opera en una frecuencia muy alta. En el reino físico, somos tanto espíritu como físico, así que tenemos la capacidad de ser seres de muy alta frecuencia o seres de muy baja frecuencia. Es cuestión de sintonizarnos. ¿Tiene sentido?".

"Sí, creo que sí".

Drake sólo me miró.

"Quiero decir, sí. Lo comprendo". Al aceptar la lección que me daba, tomé conciencia de mi propia frecuencia. Aún era muy novato, pero descubrí que tenía control sobre ella. Al igual que la respiración, yo existía en mi estado natural "neutro" sin siquiera pensar en ello, pero también podía ejercer mi voluntad para elevar o bajar mi frecuencia.

Sonrió y asintió. "Ser auténtico es unir los aspectos físicos y espirituales de uno mismo, aceptarlos tal como son y no avergonzarse de que el mundo conozca tu verdadero ser. No te preocupes por poner una cara para una faceta de tu vida y otra diferente para otra faceta de tu vida".

"¿Te refieres a cuando alguien pone una cara para ir a la iglesia, pero luego se convierte en otra persona cuando sale del edificio?".

"Exacto. Pero también se aplica en otros entornos. La gente hace lo mismo en el trabajo, con sus amigos, incluso con su propia familia. Ocultan su verdadera naturaleza a un grupo u otro. Ser auténtico es ser la misma persona en el trabajo y en casa. Es entrelazar la parte física y la espiritual, para que todos los aspectos de tu personalidad sean un solo ser. Significa estar orgulloso de tus puntos fuertes y ser honesto con ellos, pero también reconocer tus debilidades".

"¿Por qué es tan importante?".

"Porque, hasta que no encuentres la verdadera autenticidad en tu vida, no podrás progresar y encontrar la verdadera felicidad".

"Entonces, ¿no importa cuáles sean tus debilidades? ¿Simplemente las aceptas?".

"Hay algo más que eso. Vas a querer convertir tus debilidades en fortalezas, pero para eso hay que empezar con reconocerlas. Hablaremos de eso. Por ahora, debes aceptar que necesitas ser auténtico. La autenticidad conduce a la felicidad".

"Está bien. Puedo aceptarlo. ¿Y ahora qué sigue?".

"Hay algo más que necesitas entender. Cuando no eres auténtico, buscas ocultar parte de lo que realmente eres. A diferencia de la Tierra, en este reino no se puede mentir. Cuando miras a alguien, lo conoces al instante y por completo, hasta lo más profundo de su ser".

Ya lo había experimentado cuando vi a Drake. Podía sentir la ternura y el amor que definían quién era.

"Si no te sientes cómodo con lo que realmente eres", continuó Drake, "si no eres honesto al respecto, te esconderás para evitar ese escrutinio. Algunos eligen quedarse en la Tierra, recurriendo a viejos hábitos y viejas mentiras, porque no están preparados o dispuestos a enfrentarse a la verdad. No están dispuestos a abordar sus limitaciones porque se niegan a enfrentarlas y reconocerlas. Se avergüenzan, y por eso no progresan".

"Parece que no se aman a sí mismos".

"Exactamente. Ya lo ves: el núcleo de la autenticidad es el amor. Cuando te amas de verdad, incluso con tus imperfecciones, entonces puedes abrirte de verdad al crecimiento y al progreso reales. El amor es como un campo de energía tangible. Es como la electricidad, pero más fuerte. Es lo que da energía a todo lo que Dios ha creado".

"Eso suena... poderoso". No sabía qué más decir. Era muy consciente de lo mucho que tenía que aprender.

"Es un poder que podemos generar, canalizar y utilizar para dirigir las cosas. Es una verdadera preocupación por lo que ocurre a tu alrededor. Una vez que experimentes el amor puro de Dios, te despertarás por la mañana amando el oxígeno que respiras. Significa amar auténticamente todo y a todos".

A todos. Pensé en las implicaciones y noté que sentía una resistencia. Una desaceleración. Como si me hubiera estado moviendo por el espacio, pero ahora lo hiciera por el agua, o contra una fuerte presión. Algo frenaba mi avance. No podía avanzar. Miré a Drake. "¿Qué está pasando?".

Me miró con preocupación en los ojos. "Te estás aferrando a algo que te está deteniendo de algo más grande".

"¿Qué es?".

"Mira en tu interior. ¿Qué ves?".

Miré y reconocí que tenía reservas para amar auténticamente a toda la humanidad. Pensé en personas que me habían lastimado, algunas legítimamente, otras sólo en mi imaginación. Había personas de las que retenía mi amor.

Estaba avergonzado, pero la tierna sonrisa de Drake me dio esperanza. Era consciente de cada uno de mis pensamientos. Vi que lo sabía de mí desde el momento en que nos conocimos. Tal vez incluso antes. Y aun así, me amaba.

Drake me estaba enseñando cómo amar a todos a pesar de sus debilidades, a pesar de sus defectos. Me aceptaba por lo que era y, al mismo tiempo, sabía que yo podía ser más.

Seguí su ejemplo y me propuse amar a todo el mundo, incluido yo mismo, con todos mis defectos. Inmediatamente reanudamos la marcha a la velocidad anterior. No tenía ni idea de lo rápido que nos movíamos; pensé que teníamos que estar viajando más rápido que la velocidad de la luz. Me preguntaba a dónde íbamos cuando Drake me hizo una pregunta.

Capítulo 6

EL PROPÓSITO DE LA VIDA

"¿Por qué estás aquí?", Drake preguntó.

Instintivamente supe que no se refería a nosotros dos en ese momento y en ese lugar. Se refería a algo más amplio. Estaba haciendo la pregunta que se ha explorado y debatido durante miles de años. Cuatro palabras sencillas que plantean las preguntas más profundas.

"Yo... no lo sé". Me sentí frenar de nuevo. Busqué una mejor respuesta a la pregunta de Drake. "Quiero decir, al crecer, me enseñaron valores cristianos y principios por los que debía vivir. Que la vida era una prueba para ver qué clase de alma tenemos".

Drake sonrió, y todos esos pensamientos se desvanecieron de inmediato. Me consternó descubrir que estaba tan equivocado.

"Tu existencia mortal no es una prueba. Es más bien un aula, donde las almas pueden aprender, crecer y clasificarse".

"¿Cuál es la diferencia?".

"Con un examen, puedes aprobar o reprobar. Pero Dios ama a todos los espíritus y creaciones, a *cada uno de ellos*. No creó un sistema de aprobar y reprobar. Creó un sistema en el que todos tienen éxito, pero sólo a la velocidad a la que son capaces de crecer".

"Entonces, ¿no importa si seguimos las normas o los mandamientos?".

"Oh, definitivamente importa. Importa mucho. Pero no porque sea una prueba que puedas fallar. Se trata de lo rápido que puedes progresar. Cuando morimos, pasamos a una vida específica que está preparada para ese progreso. Algunas personas pueden crecer muy rápido, aprender muy rápido y avanzar muy rápido. Hay otros que no pueden progresar tan rápido. Se atascan en adicciones y vicios. Esas adicciones y vicios nos impiden crecer".

Me di cuenta de lo que quería decir. Al igual que caer presa de los vicios puede impedirnos progresar en esta vida, también podría impedirnos progresar en la próxima.

"Entonces, ¿podemos seguir progresando después de morir?".

"Así es".

"¿Y cuanto mejor lo hagamos en la Tierra, más fácil será después?".

"Yo diría que más rápido que fácil. Aunque cuanto más alta sea tu frecuencia, más fácil te parecerá. Cuando entres en esta etapa de la existencia, si estás en una frecuencia más baja, progresarás más lentamente".

Ser lo mejor de mí mismo seguía siendo importante, pero de una forma completamente distinta a la que pensaba. Si la vida no es una prueba para aprobar o reprobar, sino más bien una forma de decidir lo rápido que quiero progresar, todo cambia:

todos los juicios, todos los miedos, todos los sentimientos negativos sobre lo que es esta vida y cómo me estoy quedando corto. Puedo deshacerme de todos esos malos sentimientos y, más bien, decidir qué tipo de persona quiero ser. Puedo decidir lo rápido que quiero progresar. Y progresaré tan rápido como esté preparado para hacerlo.

"Entonces, este progreso que logramos, ¿qué significa?", le pregunté a Drake. "¿Cuál es el objetivo final? ¿Qué es el progreso después de que morimos?".

"Recuerda que la vida que tienes en la Tierra es un reflejo de la vida que puedes tener después. Dios te ha dado esta vida, y depende de ti mostrar lo que harás con ella. Después de mostrar lo que haremos con lo que Él nos da, Él quiere darnos más amor, más responsabilidades y más oportunidades para crear y crecer y amar de maneras que nunca has imaginado. Pero tienes que estar preparado para ello".

"¿Y por eso estamos aquí? ¿Para ver lo rápido que somos capaces de progresar después de esta vida?".

"Para aprender y practicar. Puedes aprender y crecer mucho durante tu existencia mortal. Es importante aprovecharla al máximo. Cualquier progreso que puedas lograr mientras vives te ayudará tanto más después de seguir adelante. Hablando de seguir adelante, avancemos un poco más por el camino". Drake dio un paso de vuelta frente a mí y volvió a mirarme a los ojos.

Esta nueva perspectiva era alentadora. Me llenó de esperanza saber que estaba bien no conocer todas las respuestas en ese momento. Me entusiasmó aprender todo lo que Drake tenía que enseñarme.

De nuevo reanudamos nuestra increíble velocidad. Fui consciente de una inmensa esfera de luz en la lejanía, cada vez más cerca. Volví a centrar mi atención en Drake.

Capítulo 7

AMA A TODOS

"Entonces, ¿cuál es el siguiente principio?", pregunté.

"Hablemos del papel del amor en nuestra existencia".

"¿Amor? Parece bastante simple".

"Es más sencillo y más profundo de lo que imaginas. El amor es la base del universo. El mundo, el cosmos, la galaxia... todos los universos fueron creados por amor verdadero, inequívoco, incondicional y puro. Dios ama a cada una de sus creaciones. Y tiene creaciones por todo el cosmos".

"¿Hay otros lugares como la Tierra?".

"En realidad, los que estamos en la Tierra podemos ser a menudo los que aprendemos despacio".

"¿Qué significa eso?".

"Bueno, para empezar, hay otras creaciones que están mucho, mucho más adelantadas que la Tierra. De acuerdo, han tenido más tiempo para progresar que nosotros, pero los humanos también tendemos a tomar decisiones que nos retrasan".

"¿Decisiones que nos mueven en una dirección diferente a la de Dios?".

"Exactamente. La libre elección conlleva riesgos. Tendemos a hacer todo lo posible para poner a prueba nuestro albedrío, y a veces incluso para demostrar que lo tenemos. Nos gusta demostrar que podemos tomar las decisiones que queramos, sin tener en cuenta el impacto a largo plazo".

"¿Las otras creaciones no tienen libre elección?".

"La tienen, sólo que tienden a ser más obedientes que nosotros, y por eso progresan más rápido. También es algo bueno".

"¿Es bueno que haya creaciones mejores que nosotros?".

"No he dicho *mejor*. Recuerda que Dios nos ama a todos por igual. Y me refiero a *todos* nosotros. A cada una de sus creaciones. No es una competición".

"Pero has dicho que es algo bueno. ¿Por qué?".

"Porque necesitamos ayuda. Mucha ayuda. Estas otras creaciones nos ayudan en nuestra situación actual. Los que más nos ayudan, sin embargo, suelen ser lo que llamarías ángeles, o podrían ser seres queridos que han fallecido y tienen una conexión contigo. Ellos nos ayudan a acelerar la elevación de nuestra frecuencia. Son llamados por Dios para ayudarnos. Ayudan a facilitar nuestro crecimiento y a potenciar el amor verdadero e incondicional en el mundo físico".

"¿Cómo lo hacen?".

"En su forma más básica, vierten energía para crear efectos positivos. Pueden dar indicaciones que te guíen de forma que prevengas o mitigues un daño, te proporcionen fuerza o desvían el curso de un acontecimiento aquí o allá. A veces ayudan a cerrar puertas para ayudar a guiarte hacia otra mejor que se está abriendo.

"Todo lo que hacen es por un sentido de servicio altruista. Su servicio a ti les ayuda a crecer a ellos también, pero en realidad están ahí para atender tus necesidades. Y todo lo hacen por amor".

"¿Amor?".

"Sí. Dios ha creado todo –absolutamente todo– por amor".

"Pero no siempre siento amor".

"Cada vez que sientes la presencia de Dios, cada vez que sientes amor, esa es Su influencia. Su *verdadera* influencia. La única vez que sentirás otra cosa que no sea amor es por la influencia de la mortalidad".

Percibí una vacilación por parte de Drake. Tal vez exasperación. Había algo más que podía aprender aquí y quería saber qué era. Drake percibió mi pregunta.

"Sí, hay una religión en la tierra que no tiene nada que ver con Dios".

"¿Una religión?".

"Yo la llamo religión. Pero lo digo en el sentido amplio de un sistema de actitudes, creencias y prácticas. Yo diría que no es una religión organizada, salvo que hay algunas instituciones organizadas que la promueven, y la gente acude en masa a ella. Se adhieren a este sistema de creencias con tanta fuerza como algunas personas siguen una religión que apunta hacia Dios".

Me picó la curiosidad. "¿Qué religión es?".

"Es la religión de la oscuridad; las frecuencias más bajas del odio, la envidia y el miedo. Es un azote en todo el planeta. Sus seguidores pueden ser tan fanáticamente devotos a ella como un seguidor comprometido de Dios. La viven, la respiran, la predican a los demás.

"Buscan conversos que se unan a ellos en su filosofía. Hay

gente en la tierra que se beneficia de esta religión. Mientras puedan mantener el drama, el miedo y el aborrecimiento en el primer plano de la mente de la gente, pueden mantener al mundo dividido. Y si el mundo está dividido, si pueden seguir volviendo a las personas unas contra otras, entonces creen que están ganando. Creen que están impidiendo que la humanidad eleve su frecuencia de amor".

"¿Ganar qué?".

"La batalla contra la Luz. La batalla contra Dios. La batalla contra el Amor".

"Pero, ¿por qué querría alguien hacer eso?".

"Como he dicho, algunas creaciones pueden ser bastante lentas a veces".

"¿Pero qué podemos hacer al respecto? ¿No ha sido siempre así?".

"No tiene que ser así. Y cuantos más de ustedes vivan por Amor y compartan Luz con el mundo, más tocará a otros y les mostrará el camino mejor. Cuando amamos a otra persona incondicionalmente, creamos una conexión con ella. Cuando compartimos Luz, estamos compartiendo cualquier fuerza que eleva la frecuencia. Esa conexión y ese compartir pueden ayudar a sanar toda una vida de heridas".

"¿Pero cómo lo hago?".

"Empieza por tu propia vida. ¿Dónde encuentras fuentes de miedo, de vergüenza, de ira, de celos, de desprecio a los demás? Observa atentamente esas áreas y reconoce que no provienen de Dios. Son una amenaza para ti y son lo contrario de Dios. Esas actitudes y emociones se centran sólo en las condiciones mortales del mundo material, y el resultado es como una religión de oscuridad en todo el mundo. Es todo en lo que algunas personas piensan, y reemplaza por completo cualquier luz y amor de Dios".

Al considerar sus palabras, supe que tenía razón, pude ver cómo yo había hecho eso mismo. Ni siquiera me había dado cuenta de lo que eso me hacía.

"Entonces, ¿alguna vez está justificado enfadarse con alguien?", pregunté.

"¿Enfadado con la persona? ¿O por lo que hizo?".

"Entiendo".

"¿Sí entiendes?". Sabía que Drake ya conocía la respuesta.

"Yo creo que sí. Dios ama a todo el mundo, haga lo que haga, incluso si lo que hace le causa daño a sí mismo o a otra persona".

Drake sonrió. "Estás empezando a entenderlo. Admito que el concepto puede ser difícil de dominar. Tantas relaciones humanas son condicionales. Cuántas veces has oído decir: 'Éramos amigos hasta que ellos...' y luego hay alguna explicación de por qué terminó la amistad. Tenemos que aprender a amar como lo hace Dios: incondicionalmente. Contra lo que estás luchando es contra tu ego. Tu ego es como las pesas en el gimnasio. O te tropiezas con ellas, o te tensas contra ellas, o las usas con cuidado e intencionadamente para hacerte más fuerte. Cuando das amor, eso eleva tu propia frecuencia, y también puede ayudar a elevar la frecuencia de cualquiera que reciba ese amor".

"Entonces, ¿cómo puedo mejorar en amar a todo el mundo?".

"Eso nos lleva al siguiente principio que debes aprender".

Capítulo 8

ESCUCHA TU VOZ INTERIOR

"Progresarás más rápido y estarás más en contacto con Dios cuando aprendas a escuchar tu voz interior".

"¿Te refieres a mi conciencia?".

"No exactamente. No si te refieres a tu sentido interno del bien y del mal. Tu conciencia es definitivamente importante, pero no es a eso a lo que me refiero cuando hablo de tu voz interior".

"¿Qué es entonces?".

"Cada uno lo oye a su manera, y no siempre de la misma forma. Para algunas personas, puede parecer una voz real".

De repente recordé al joven paramédico oyendo una voz que decía: "Este hombre no está muerto".

"Otras veces", continuó Drake, "puede parecer un pensamiento o una impresión. Tu voz interior puede parecer que viene de ti, al menos hasta que aprendas a distinguir la diferencia entre los pensamientos que creas y los que te llegan de otra parte".

"¿De dónde vienen si no es de mí?".

"Probablemente lo habrás oído describir como el Espíritu de Dios que te habla. Es una explicación bastante aproximada".

"¿Pero no exactamente?".

"No, no exactamente. También puede provenir de esos ayudantes que mencioné antes, que asisten y actúan de parte de Dios". Drake hizo una pausa, como sopesando si yo estaba preparado para recibir más. "En realidad es un poco más complejo. Verás, toda verdad existe en todas partes del universo. Cuando sintonizas tu mente, tu cuerpo y tu espíritu con las frecuencias correctas, puedes acceder a las verdades divinas conectándote con tu yo superior, esa parte de ti que sigue directamente conectada con Dios. Cuando todo tu ser está sintonizado con la frecuencia correcta, puedes simplemente preguntar a Dios y conocer al instante la respuesta".

"¿Puedo obtener la respuesta a cualquier pregunta?".

Drake sonrió. "Sé lo que estás pensando. De nuevo, no es tan sencillo como podría parecer. Si quieres la respuesta a algo egoísta, y preguntas con intención egoísta, entonces ya estás desalineado. Recuerda, todo tiene que ver con estar en sintonía con la frecuencia correcta. Y también tienes que recordar de antemano tu razón para estar en la Tierra".

"¿Para aprender?".

"Sí. Para aprender, crecer y ejercer esa habilidad divina de elegir. Es como cuando un padre deja que un niño explore por su cuenta para que aprenda a tomar sus propias decisiones, pero el padre está cerca para ayudarle si el niño se atasca. A veces, son otros miembros de la familia, o amigos íntimos, o mentores los que ayudan. Todos pueden contribuir a nuestro crecimiento".

Sentí que había algo más detrás de lo que decía. En cuanto se me ocurrió, Drake sonrió.

"Sí. Hay otros que nos ayudan y nos guían espiritualmente mientras estamos en la Tierra. Pero hay otros que tienen una vocación de ser mentores".

"¿Como tú?".

"Mi vocación es un poco diferente. Soy más bien un guía. Pero sí, hay quienes pueden ayudar a dar respuestas e indicaciones. Se les podría llamar ángeles. Es un nombre bastante acertado. Entonces aprende a escuchar esa voz interior".

"¿Cómo puedo mejorar en eso?".

"Requiere práctica. A medida que prestas atención intencionadamente a esa voz, puedes mejorar en reconocerla y escuchar lo que te dice. También hay otras cosas que puedes hacer para ser más receptivo, cosas que te convertirán en una mejor antena, por así decirlo".

"¿Cuáles son esas cosas?".

"Lo más básico es cuidar de tu cuerpo. Si no duermes lo suficiente, serás menos receptivo a las impresiones. Lo mismo ocurre si duermes demasiado. En cualquier caso, tu cuerpo y tu mente estarán lentos. Las cosas que ingieres en tu cuerpo también tienen un impacto".

Pensé en el suplemento que había tomado. Me pregunté qué habría tenido de malo. Drake me dirigió una mirada perspicaz, y yo aparté ese pensamiento de mi mente, concentrándome de nuevo en la lección.

"Hoy en día hay muchas sustancias químicas en los alimentos. Conservantes, colorantes artificiales, saborizantes artificiales. Se acumulan en tu sistema y degradan tu antena espiritual. Todavía puedes recibir impresiones con una antena dañada, pero no eres tan receptivo como podrías ser. Cuanto más cerca de la Tierra esté tu comida, mejor será tanto para tu espíritu como para tu cuerpo".

Eso tenía sentido para mí. "Dijiste que cuidar mi cuerpo es la forma más básica. ¿Hay otras formas de mejorar mi... recepción?".

"Ese es nuestro próximo principio, Vinney."

Capítulo 9

UTILIZA LA TECNOLOGÍA DE MANERA RESPONSABLE

"La gente cree que la humanidad está tan avanzada. Sería divertido si no fuera tan triste. Sí, los seres humanos han creado mucha gran tecnología y han hecho grandes avances en la ciencia. Pero demasiada gente piensa que todos estos logros significan que ya no necesitan a Dios, que han progresado más allá de lo que consideran ser creencias primitivas. Lo lamentable es a cuánta verdad y poder están renunciando porque piensan que tiene que ser una cosa o la otra".

"Pero yo sigo creyendo en Dios".

"Lo cual es bueno, sí. Pero aún así, todavía no dominas el siguiente principio: la necesidad de situar la ciencia y la tecnología en el lugar y el papel que les corresponde. Demasiada gente deja que la tecnología controle su vida. Para algunos, es sólo una distracción de cosas mejores; para otros, es una adicción.

Miran y escuchan cosas que degradan su espíritu sin pensarlo dos veces, sin pararse ni una vez a preguntarse: "¿Debería estar viendo esto?" o "¿Cómo me está afectando?".

"Es posible dejarse enterrar tan profundamente en la tecnología, o en aquello a lo que la tecnología proporciona acceso, que se puede apagar por completo esa conexión con las cosas espirituales. Puede ser tan poderoso como una droga que anula tu capacidad de razonar y elegir. Cuando llegas a ese punto, ya no tienes conexión con tu frecuencia superior, o con Dios. Te quedarás en un vacío solitario y oscuro donde sólo hay frecuencias cada vez más bajas".

"Eso suena mal".

"Velo por tí mismo".

Nos detuvimos y seguí la conciencia de Drake. Fui consciente de orbes de luz en la distancia, cerca de la gran esfera a la que viajábamos. Eran tan grandes como planetas, pero pude percibir personas individuales en su interior y lo que hacían. Los vi vagando por lugares oscuros, anhelando entretenimiento. Algunas personas se limitaban a mirarse las manos, esperando que se materializara un teléfono. Estaban tan concentradas en satisfacer ese deseo que ignoraban por completo el glorioso mundo lleno de luz que aguardaba apenas más allá de su percepción.

"Ya ves", continuó Drake. "Igual que lo que comes afecta tu cuerpo, la información que recibes afecta tu alma. Lo que ves, lo que oyes, lo que dices: todas estas cosas influyen en el estado de tu alma cuando tu vida mortal termina. Algunas personas asimilan cualquier cosa, y la tecnología les facilita hacerlo todo el tiempo".

"Entonces, ¿cómo sabes lo que es bueno y lo que es malo?".

"Tu voz interior puede ayudarte si dejas de lado la tecnología el tiempo suficiente para escuchar. Concéntrate en desarrollar tu yo superior, para que tengas un canal de comunicación bueno y fuerte con Dios. Asegúrate de que tu antena funciona bien y de que prestas atención a los mensajes que recibes. Si estás distraído todo el tiempo, no importarán los mensajes que te lleguen porque simplemente no los notarás".

"Eso tiene sentido".

"Comprende que la tecnología puede ser una poderosa herramienta para el bien. Imagina tener acceso a todas estas maravillosas herramientas y usarlas para mejorar tu vida y permitir una relación más cercana con Dios. No dejes que la tecnología te distraiga de tu crecimiento espiritual. Contrólala. Apártala de vez en cuando. No duermas cerca de ella. No la cojas cuando te levantes por la mañana. Escucha tu voz interior y conéctate con lo divino. Desarrolla aquellas cosas que puedas disfrutar después de morir: grandes recuerdos, familia, amigos, tus relaciones y tu carácter. Todas esas cosas persisten".

"¿Y los juegos, las películas y distracciones como esas?".

"El entretenimiento está bien. Sólo tienes que ser consciente del tipo de entretenimiento y de la cantidad que ingieres. Puedes disfrutar del postre de vez en cuando, pero no comerías sólo postre en cada comida todos los días. Eso sería malo para tu cuerpo. Es lo mismo para tu alma, y, así como hay algunas cosas que nunca debes comer, hay algunas formas de entretenimiento que nunca debes consumir. Esas cosas sólo dañarán tu alma. Sé consciente y prudente".

"De acuerdo", dije, aunque sinceramente no sabía lo útil que me resultaría ese consejo ahora. Después de todo, ya había dejado atrás mi cuerpo. "¿Qué más necesito aprender?".

Drake sonrió. "El próximo puede sorprenderte".

Capítulo 10

ABANDONA AL PREJUICIO

A medida que nos acercábamos a la esfera brillante en la distancia, volví a sentir resistencia. Algo nuevo frenaba mi avance hasta que no pude avanzar.

Miré a Drake. "¿Qué está pasando?".

"Mira en tu interior. ¿Qué ves?".

Busqué en mi alma y encontré una oscuridad allí. No era una oscuridad fuerte ni profunda, pero estaba tan arraigada que ni siquiera me daba cuenta de que estaba ahí. Me retenía y tenía que dejarla ir si quería seguir adelante.

Prejuicios. Por primera vez, me di cuenta de la profundidad de mis prejuicios contra otros seres humanos. No lo suficiente para odiarlos, pero sí para juzgarlos y categorizarlos con sólo mirarlos u oírlos. Me sentí consternado. Durante toda mi vida, creí que me habían educado para ser tolerante y aceptar a todo el mundo. Siempre creí que era la persona con menos prejuicios que conocía, pero aquí estaba, con una oscura astilla de prejuicio perforando mi corazón. Estaba avergonzado. No tenía ni idea.

"¿Qué tengo que hacer para librarme de esto?".

"Tu cultura, tu sociedad y tu familia han programado la debilidad del prejuicio en lo más profundo de tu ser", explicó Drake. "La única forma de deshacerte de esto es comprender el principio más básico de todos".

"¿Y eso es?".

"Dios creó toda la vida. Todos somos uno, mucho más de lo que crees. Cuando sentimos aversión, odio o prejuicio hacia cualquiera de las creaciones de Dios, en realidad estamos dirigiendo esas energías hacia nuestro Creador y de vuelta a nosotros mismos. Odiar o juzgar a alguien es odiarte o juzgarte a ti mismo".

"Pero..." Seguía intentando justificar mis prejuicios. Quería encontrar alguna excusa para desaprobar a aquellos con los que no estaba de acuerdo, a los que me hacían daño, a los que me asustaban, a los que... y entonces lo vi.

"El prejuicio es una forma de negar el amor, ¿verdad?".

Drake sonrió y asintió. "Ahora lo estás entendiendo. Cuando la gente tiene ideas equivocadas o hace cosas equivocadas, no tienes que aprobar sus acciones. Sé que es tentador dejar que esa desaprobación se extienda a la persona; hacer suposiciones sobre ella, sus valores, incluso su valor y su destino".

"Y superamos los prejuicios centrándonos en el amor".

Percibí que mi respuesta le complacía.

"Exactamente. Cuando amas a alguien incondicionalmente, lo ves como realmente es. Tienes muy presente que es un hijo de Dios. Tiene una naturaleza divina, incluso con sus defectos.

Cuando ves a alguien como Dios lo ve, todas las etiquetas que le pones desvanecen. Eso es realmente todo lo que son los prejuicios: etiquetas. Y las etiquetas son una debilidad mortal".

Busqué en mi corazón, esforzándome por desarraigar cualquier juicio prejuicioso que hubiera hecho a lo largo de mi vida. Los sucesos atroces del 11 de septiembre de 2001 aún estaban frescos en mi memoria. Me di cuenta de cuánta desconfianza había acumulado contra todo un segmento de la humanidad a causa de aquello. Había pensado en millones de almas individuales en términos generales y atribuido las acciones de unos pocos a las intenciones de todos y cada uno de ellos.

Drake vio que me esforzaba y compartió una imagen con mi mente, un recuerdo preciado de mi estancia en la Tierra. Mi sobrino acababa de nacer y yo lo tenía en brazos por primera vez. Era tan pequeño, tan frágil y tan perfecto. Aquí había una inocencia preciosa y un potencial magnífico recién llegados del cielo. Mi corazón se henchía de alegría y no podía contener el amor que sentía por ese milagro que tenía en mis brazos.

Sentí que Drake compartía la alegría y el calor de aquella experiencia. Me preguntó: "¿Y si tu sobrino hubiera nacido en el Medio Oriente en vez de los Estados Unidos? ¿Le querrías menos?".

"Le querría estuviera donde estuviera", le dije.

"¿Aunque tuviera un color de piel diferente? ¿O se hubiera criado con unas creencias diferentes a las tuyas?".

Pensé en el amor puro que sentía por él mientras su manita se aferraba a mi dedo. "Ni un poquito".

"¿Y si ni siquiera fuera tu sobrino? ¿Cambiaría eso su valor?".

Intenté considerar otra respuesta, sólo por un momento fugaz, pero el amor que sentía por mi sobrino era demasiado fuerte. "No. Si pudiera conocerlo como lo conocí cuando nació, lo amaría sin importar nada".

"Cada creación es como tu sobrino. Sólo la falta de amor te hace verlas de otra manera. El prejuicio sustituye al amor. Es como una mala hierba que ahoga una bella flor. Dios no tiene prejuicios. No puedes volver plenamente a Dios mientras te aferres a los prejuicios".

"¿Pero qué pasa con la gente que rechaza la *verdad*?".

Drake me dirigió una mirada perspicaz. "¿Te refieres a los que rechazan la verdad o a los que rechazan tus creencias religiosas?".

"Pero es lo mismo, ¿no es así?".

Era consciente de que nuestro avance se había detenido por completo y flotábamos en la inmensidad del espacio. Drake me rodeó con el brazo y desplegó una imagen en mi mente mientras me la explicaba.

"Imagina a cien personas sentadas en una ladera verde brillante con flores silvestres en plena floración. Es un luminoso día de primavera después de una lluvia fresca. El sol emerge de entre las nubes y extiende sus rayos, creando un arco iris perfecto en el otro extremo del valle. Cada una de esas cien personas coge un papel y una pluma y empieza a describir ese arco iris. ¿Cuántas versiones diferentes de ese arco iris se escribirán?".

"Probablemente cerca de cien".

"Cien. Algunas serán muy parecidas entre sí, pero ninguna será exactamente igual. Pero aquí está la cosa: no importa lo buena que sea la descripción, no importa lo minuciosa que sea, ninguna de las descripciones puede permitirte experimentar plenamente el arco iris. Porque la única forma de saber realmente cómo es el arco iris es verlo uno mismo. Y la única manera de lograrlo es a través del amor de Dios".

"Entonces, ¿la religión es como una de esas personas que intentan describir el arco iris?".

"Exactamente. Habrá algunas de esas personas que van a describir el arco iris con precisión, así que si nunca has visto un arco iris antes, cuando lo hagas, lo reconocerás".

"Pero entonces, ¿cómo entran en las religiones enseñanzas que son sencillamente erróneas, descripciones que ni siquiera forman parte del arco iris?".

"Dondequiera que haya prejuicio en una religión, no viene de Dios. Ahí es donde se ha infiltrado la obra de los mortales. Eso no significa que no haya verdad en esa religión, sólo que una enseñanza falsa ha echado raíces, como una mala hierba en el jardín. Es fácil confundir cultura y verdad; sucede todo el tiempo. Lo ví durante mi propia vida en la Tierra. También podría provenir de la mente de personas que utilizan su propia imagen para crear lo que creen que sería un mundo ideal".

"¿Cómo puedo reconocer la diferencia?".

"Los prejuicios sólo surgen de las emociones negativas, nunca de las positivas. Siempre que encuentres emociones negativas –más comúnmente vergüenza y miedo– esas no vienen de Dios. Siempre que encuentres amor, ahí es donde encontrarás a Dios. Allí donde la religión influye y guía a un alma hacia el amor auténtico a cada una de las creaciones de Dios, especialmente a aquellos que están sufriendo, o son diferentes, o sufren prejuicios, es cuando la religión trabaja para ayudar a la gente a elevar su frecuencia".

"Y entonces podrán ver la verdad por sí mismos".

"Exactamente. Tu principal trabajo en la vida, independientemente de tu religión, es abrir tu corazón al amor de Dios, para que puedas distinguir entre las palabras de los mortales y las palabras de Dios. Entonces puedes distinguir entre la cultura y el amor de Dios, y puedes elegir el amor".

En ese momento, quizá por primera vez, verdaderamente quise liberarme de todos los prejuicios de mi corazón y sustituirlos por el amor de Dios por todos. Afortunadamente, mi madre me había educado para amar a todo el mundo, independientemente de su origen o raza, y eso me había ayudado a contrarrestar muchas de las influencias culturales que se habían colado en mi mente. Aun así, había caído preso de influencias sociales que me llevaban a juzgar a mucha gente por las malas acciones de unos pocos. También me esforcé por liberarme de esos prejuicios.

A lo largo del proceso, mientras invitaba a la luz y al amor de Dios a entrar en mí, me di cuenta de otro prejuicio que la cultura en la que me crié había programado en mí. Había juzgado la dignidad de los que vivían un estilo de vida diferente, especialmente si se basaba en la sexualidad de la persona. Ahora comprendía que el hecho de que alguien tuviera una sexualidad diferente a la mía no le hacía en modo alguno menos importante para Dios. Dios nos ama a todos por igual. Ama cada cabello de tu cabeza, ama cada célula de la piel en tu cuerpo. Nos ama a cada uno por igual. Él no se sienta a pensar: "Esta es un alma mala". Él piensa, "Amo a esta alma. Quiero ayudar a amar a esta alma a través de cualquier prueba que tenga".

Muchas organizaciones, incluidas algunas religiones, optan por rechazar y apartar a la gente por su religión, color de piel, sexualidad, estilo de vida o sistema de creencias. Es su prerrogativa, por supuesto, pero esa elección no está de acuerdo con la voluntad de Dios.

Me llevó tiempo y esfuerzo, pero pude liberarme de los últimos prejuicios que me retenían. Solté todas las etiquetas y las sustituí por amor. Pude sentir que mi frecuencia se elevaba para coincidir con mi amor.

Drake me abrazó y reanudamos nuestro viaje hacia la esfera de luz que se veía a lo lejos y que se agrandaba a cada momento. Empecé a distinguir verdes y azules en la superficie.

"¿Es un planeta?", pregunté. "¿O es el cielo?".

"Sí, es un cielo", dijo Drake. "Uno de muchos. También es un planeta".

"Entonces, ¿el cielo es un lugar físico real, no sólo espiritual?".

Drake sonrió. "Sí, es un lugar espiritual, y sí, por supuesto, es un lugar físico".

"¿Qué es exactamente el cielo, entonces?".

"El cielo es un lugar donde las almas pueden ir a curarse, a aprender y a prepararse para seguir creciendo".

"¿Y hay más de uno?"

"Hay tantos como los hijos de Dios necesitan".

Capítulo 11

EL PODER DE LA CREACIÓN

"¿Crees en la magia?", preguntó Drake.

"¿Qué, como agitar varitas y decir hechizos?".

"No. Eso es puro cuento. Hablo de la esencia de la palabra, de su significado central: tener un poder extraordinario para influir en las cosas de un modo que desafía la explicación mortal".

"La verdad es que no".

"¿Entonces no crees en los milagros?".

"Oh, sí creo. Pero esos no son mágicos, o sí?".

"No en el sentido de los cuentos fantásticos. Pero hay un poder que puedes aprovechar y que puede parecer magia. Porque tienes una chispa de divinidad en ti, puedes utilizarla para ejercer el poder de la creación. De hecho, tienes ese poder disponible en el mundo físico. En la Tierra, ¿puedes crear un edificio entero?".

"No. Todo lo que he hecho es trabajo de enmarcado y acabado. No sé nada de hacer un edificio entero".

"Podrías si realmente quisieras".

"Quiero decir, supongo que podría. Pero llevaría mucho tiempo y trabajo, y muchas habilidades que ahora no tengo".

"Sí, pero podrías construir una estructura. No necesariamente tendrías que golpear con el martillo tú mismo".

"¿Qué quieres decir?".

"Piénsalo. Puedes encontrar un ingeniero o un arquitecto y hacer que redacten los planos detallados, ¿no?".

"Sí".

"Y luego podrías contratar a un contratista general. Esa persona supervisaría a otras personas que hicieran la construcción hasta que el edificio estuviera terminado".

"Pero en realidad yo no lo construí".

"¿Estás seguro? Puede que no lo hayas materializado de la nada, que ni siquiera hayas clavado un solo clavo. Pero, ¿existiría ese edificio si tú no lo hubieras imaginado primero? ¿O si no hubieras iniciado el proceso que condujo a su finalización?".

"Supongo que no".

"Hacer cosas en el mundo físico requiere material físico y trabajo físico, pero antes de todo eso, empieza con un pensamiento –una visión– y el deseo de crear algo. Tus pensamientos son el primer paso en la creación".

"Pero eso no parece magia. Es más bien trabajo".

"¿Quién dijo que la magia no requiere trabajo?". Drake me dedicó una sonrisa irónica. "Además, ése es sólo un ejemplo y muy básico. Es posible crear cosas mucho mayores con mucho menos esfuerzo físico".

Drake compartió un ejemplo de cómo la voluntad y la

intención ejercen poder sobre la materia. Los pensamientos funcionan de forma muy parecida a la energía electromagnética, y el cerebro funciona como una antena que transmite las instrucciones para organizarlo y dirigirlo todo.

Mi mente de constructor empezó a tomar el control. "¿Pero cómo salta el cerebro esa barrera física para dirigir la materia con sólo pensarlo?".

Drake sonrió pacientemente. "No necesitas entender cómo funciona todo ahora mismo. Sólo aprende los principios básicos de la creación, y podrás ponerlos en práctica".

"Pero...".

"Créeme. No necesitas saber cómo funciona una bombilla para encender una lámpara. Por ahora, entender el principio básico de clarificar y enfocar tu intención es suficiente. Tu intención puede literalmente mover montañas si es lo suficientemente pura y está alineada con Dios".

Durante mi infancia había leído cosas así en la Biblia, pero nunca supe si eran literales o metafóricas. Resulta que era literal. "Eso es asombroso".

"Sí, es cierto. Sin embargo, el poder de crear con tus pensamientos también puede ir en tu contra".

"¿Cómo?".

"Si piensas en cosas negativas, crearás cosas negativas".

"¿Aunque no quiera? ¿Y si sólo estoy pensando en algo de lo que quiero deshacerme?".

"No funciona así. Centrarse en una cosa sólo servirá para construir esa cosa, ya sea buena o mala. Si quieres deshacerte de algo negativo, tienes que pensar con qué quieres sustituirlo. Concéntrate en lo que quieres y eso sustituirá de forma natural lo que no quieres. Lo bueno sustituirá lo malo a medida que hagas crecer lo bueno".

"¿Por eso es importante rodearse de cosas positivas?".

"Exactamente. Puedes entrenar y condicionar tus pensamientos de muchas formas distintas: la televisión y las películas que ves, la música que escuchas, los libros que lees, incluso la gente con la que te relacionas. Tú creas tu entorno, lo cual ayuda a dar forma a tus pensamientos y a su vez determina lo que creas en tu vida".

"Pero no puedo crear cualquier cosa que quiera, ¿verdad? Quiero decir, el sólo pensar no evitará que ocurran cosas malas".

"¿Qué considerarías una 'cosa mala'?".

"No lo sé. La mayoría de la gente consideraría que morir es algo malo".

"Ahora que has muerto, ¿sigues pensando que es malo?".

Pensé por un momento y luego sonreí. "No. Supongo que no".

"Prueba con otro, entonces. ¿Qué otra cosa podría ser mala?".

"¿Perder el trabajo? ¿Enfermarte?".

"¿Y por qué esas cosas serían malas?".

"Porque... no lo sé. ¿Supongo que porque son incómodas? ¿Porque me impiden conseguir lo que quiero?".

"¿Te detienen esas cosas por sí solas, o permites que te detengan porque te distrae el malestar? Dejas de centrarte en la creación y, en su lugar, te revuelcas en la duda y la autocompasión. Permites que tus pensamientos se vuelvan hacia cosas negativas en lugar de mantenerte centrado en lo positivo".

En ese momento mis pensamientos se volvieron hacia las situaciones de maltrato que había sufrido de niño. Sabía que él era consciente de mis pensamientos.

"Sí", dijo Drake. "A veces puede parecer imposible ver lo bueno en el momento. Incluso puede parecer imposible durante años después. Pero eso no cambia el que tengas el poder de elegir tu perspectiva".

No quería admitirlo, pero sabía que tenía razón.

"Como ves, tus pensamientos pueden crear y transformar no sólo tu entorno, sino también cómo experimentas ese entorno. Incluso las peores situaciones pueden fortalecerte y ayudarte a crecer. Una vez que lo comprendas de verdad, puede que te sientas deprimido, pero nunca te sentirás derrotado, ni siquiera en tu peor día. Por supuesto, lo contrario también es cierto. Puedes tener una vida aparentemente maravillosa, pero si te centras el tiempo suficiente sólo en los aspectos malos de la vida, acabarás sustituyendo todo lo bueno por lo malo, tanto en tu mente como en la realidad".

"Así que mi concentración es clave".

"Sí, todo aquello a lo que prestas atención, todo aquello en lo que te concentras, bueno o malo, lo atraes y entonces lo creas en existencia. Así que ten cuidado con los pensamientos que tienes en tu mente. Piensa en cosas positivas, y construirás cosas positivas, tanto interna como externamente. Concéntrate en pensamientos y emociones negativas y con el tiempo derribarás cosas positivas y crearás cosas negativas en su lugar, aunque tus intenciones sean buenas. Como se suele decir, 'el camino al infierno está empedrado de buenas intenciones'".

Me sorprendió oírle decir eso. "¿Ese es un dicho aquí también?".

Drake se rió. "Comprendemos mejor ese concepto aquí que en la Tierra. Sabemos que en el reino físico el ego puede corromper incluso las mejores intenciones. En este lado, no existe la posibilidad de corromper una buena intención porque no se puede ocultar nada. Es sencillamente imposible mentir".

"Necesito centrarme en el bien que quiero crear".

"Sí. Reconoce la magia en tus pensamientos. Concéntrate en lo que quieres crear. Establece tus intenciones. Luego controla tus acciones. Eso creará tu entorno, tanto interno como externo, y eso te ayudará a alcanzar tu máximo potencial".

Hice la conexión con nuestra discusión anterior sobre la tecnología. "Y mis pensamientos están influidos por aquello de lo cual me rodeo".

"Exacto. Hablando de eso, hablemos de una de las mayores influencias sobre lo que la gente piensa y cómo ve el mundo".

Capítulo 12

EVITA LAS INFLUENCIAS NEGATIVAS

"¿Recuerdas la religión de la oscuridad que mencioné antes?".

"Sí".

"Hay gente que la predica constantemente. Puede que ni siquiera sepan que están predicando una religión, pero saben que se alimentan de sentimientos de miedo. Diseñan su mensaje en torno a él. Obtienen beneficios y amplían su poder a través de él".

"¿Quiénes son?".

"Están a tu alrededor. Puedes encontrarlos en muchos lugares y de muchas maneras, pero la más común son las noticias".

"¿Te refieres a las personas en las noticias?".

"No. Las propias empresas de noticias. Los directores, los editores, los escritores y los reporteros".

Las noticias sí solían centrarse en las cosas malas que ocurrían en el mundo. Eso pensaba yo.

"¿Pero no es importante saber lo que pasa en el mundo?".

"¿Pero de verdad?".

"Claro. Puedo enterarme de lo que pasa en otros países, desastres naturales y cosas así".

"¿Crees que es una imagen clara de todo lo que pasa? ¿O son sólo las cosas raras y excitantes?".

"Bueno, es información útil".

¿»Útil"? ¿Qué haces con esa información? ¿Cambia tu forma de vivir la vida?".

Tenía que admitir que, aparte de cómo me hacía sentir, la mayor parte de lo que oía en las noticias no me afectaba en absoluto. Era más interesante que útil.

"Normalmente, no. ¿Pero no hay nada bueno que pueda salir de ello?".

"Por supuesto, pero hay que ser prudente y muy selectivo. Es fácil dejarse arrastrar por el río de la desesperación y el miedo del ciclo constante de noticias. Cambia tu forma de ver el mundo, tu manera de pensar sobre los acontecimientos y sobre otras personas. Alimenta los prejuicios y debilita el amor. Con el tiempo, todo te parecerá negativo y perderás el contacto con el brillo que viene de Dios".

"¿Como cuando dijiste que todo lo que permitimos que entre en nosotros nos afecta?".

"Exactamente. La religión de la oscuridad quiere que todo el mundo vea violencia, drama e imágenes de miedo todos los días, todo el día. Algunas personas lo hacen. Si fuera por esta religión, sólo habría canales de noticias centrados en cada acontecimiento negativo en todas partes. No quieren que la gente vea entretenimiento positivo. No quieren que veas nada que construya tu luz interior o tu alma, porque cuando haces eso, pierden influencia sobre ti".

"Pero a veces hay buenas noticias".

"A veces. Entiende que los telediarios son un negocio y que harán todo lo posible por apelar a las emociones básicas para engancharte para que vuelvas por más. Fíjate bien en cómo se construyen incluso las buenas noticias: están enlazadas con dolor, sufrimiento y negatividad. Entretejen tensión y conflicto en la historia para hacerla más atractiva. Nuestra naturaleza se siente atraída por esas frecuencias más bajas".

"Entonces, ¿debo evitar las noticias por completo?".

"No es eso lo que estoy diciendo. Tienes razón en que es bueno saber lo que pasa en el mundo, sobre todo cuando puedes hacer una diferencia. Sólo tienes que ser consciente de la naturaleza de los programas y limitar la atención y la energía que les dedicas. Si estás constantemente expuesto a la negatividad y al dolor, con el tiempo crearán una persona dañada con un alma corrompida, quizá no completamente rota, pero tampoco completamente entera".

Pensé en personas que conocía que parecían adictas a las noticias. Tenían que ver las noticias en el televisor o, si no tenían televisor, tenían que consultarlas en su teléfono con regularidad, temerosos de perderse algo. Drake tenía razón. Esas personas parecían pesimistas, dudosas o temerosas.

"La triste realidad de las noticias es que están en el negocio del conflicto. Prosperan y se benefician de ello. La mayor parte está pensada para el entretenimiento. Hay directores, como en las películas y los programas de televisión . Pueden tomar un grano de arena y convertirlo en una montaña. Del mismo modo, pueden tomar una montaña y convertirla en un grano de arena. Pueden guionizar lo que ves y oyes y, por tanto, lo que crees. Es más insidioso que la ficción, porque crees que lo que te dicen es absolutamente cierto, aunque esté filtrado y empaquetado de una forma que distorsiona la verdad real. No les permitas tener ese poder sobre ti".

"Entonces, ¿cómo voy a saber lo que es importante o correcto?".

"Recuerda siempre que estás escuchando las noticias de segunda mano. Cuando lo hagas, y cuando estés conectado con Dios, sabrás la verdad de qué historias son importantes y qué historias no lo son. Entonces podrás buscar aquellas historias que son verdaderamente importantes para ti y exponerte sólo a esas cosas.

"Aprende a no hacerle caso al ruido, o sea, las distracciones que te mantienen enfadado y temeroso y aislado de tus hermanos y hermanas, porque ese es su objetivo final".

"¿Su objetivo?".

"El objetivo de la religión del miedo. Quieren que creas que cualquier cultura que no sea la tuya es tu enemigo. Quieren que creas que cualquier raza que no sea la tuya es tu enemigo. Quieren que creas que cualquier orientación sexual que no sea la tuya es tu enemigo. Eso se aplica a cualquiera que sea diferente. Se aplica a las personas que priorizan los valores de manera diferente, a la gente que piensa diferente, las personas que ganan más o menos dinero, las que viven una vida diferente o viven en un lugar diferente o hablan un idioma diferente. Quieren que todos seamos enemigos unos de otros.

"No te dejes engañar por historias envueltas en buenas noticias pero que en realidad están llenas de emociones negativas en su núcleo. Incluso cuando las noticias pintan una historia que promueve la unidad, a menudo la historia está estructurada para explotar las divisiones entre nosotros y hacer que la gente piense en términos de conflicto. Si puedes encontrar historias que sean puramente buenas, no dudes en aceptarlas. Compártelas. El mundo necesita más de eso. Haría a todos más felices y mejoraría muchas vidas".

"Eso tiene sentido".

"Hemos hablado sobre todo de las noticias, pero hay que darse cuenta de que no se trata sólo de las organizaciones de noticias. Hay muchas otras organizaciones que también prosperan en el conflicto y explotan la división para ganar seguidores y apoyo para su causa. Sean quienes sean, si sigues sus enseñanzas, estás fuera de la alineación con Dios".

"Eso suena a política".

"Sí, los partidos políticos están en esa lista. Y hay muchas otras distracciones que pueden hacer que te centres en las cosas equivocadas".

"¿Cómo qué?".

"Hay más por venir. A medida que avance la tecnología del mundo, habrá más formas de alimentar las emociones negativas del miedo. Nueva tecnología está llegando que permitirá a la gente alimentar su orgullo por lo que muestran al mundo, o su envidia por lo que otras personas muestran y ellos no tienen.

"Verás, la religión de la oscuridad quiere que representes una vida perfecta a los demás. Crear esa ilusión te hace pensar que te sientes mejor, pero en realidad sólo te deja vacío e insatisfecho. Aunque tu intención sea inspirar a los demás, lo que compartes puede hacer que se sientan celosos e insatisfechos consigo mismos y con su mundo imperfecto".

De repente comprendí el impacto de la televisión y las

películas que retrataban la vida de forma inauténtica. Aunque sabía que no mostraban la vida real, sus historias y mensajes habían influido definitivamente en mis pensamientos, deseos y comportamiento.

Drake me dedicó una amplia sonrisa. "Sí, estás haciendo las conexiones. Muy bien".

"¿Pero no se pueden utilizar los medios de comunicación para el bien?".

"Claro que se puede. No digo que los medios en sí sean malos. Es sólo una poderosa herramienta que la religión de la oscuridad utiliza para confundir emociones y motivaciones".

"¿Como las noticias?".

"Exactamente. Entre todos nosotros hay una verdad absoluta. Y es en esa verdad donde encontramos lo que tenemos en común. Es en esa comunalidad donde encontramos a Dios, el amor y los fundamentos de la libertad, el poder y el verdadero empoderamiento. ¿Eso tiene sentido para ti?".

Asentí con la cabeza. "Sí".

"Bien. Ahora creo que encontrarás interesante el siguiente principio".

"¿Cuál es?".

"Hablemos del diablo".

Capítulo 13

EL PROPÓSITO DEL MAL

"¿De verdad existe el diablo?". Me educaron para creer que existía el diablo, pero, para mí, siempre me pareció más un concepto que un ser. En cuanto formulé la pregunta, supe que era muy real.

"Tiene muchos nombres", dijo Drake. "Satanás. Lucifer. Ác Quỷ. Alshaytan. Yo le llamaré el diablo, ya que es así como lo conoces".

"¿Qué propósito sirve?", pregunté. "¿Por qué permite Dios que el diablo tenga tanta influencia sobre nosotros?".

Drake reflexionó un momento y luego dijo: "Usemos algo con lo que ya estás familiarizado para ilustrar el punto".

Una imagen llenó mi mente. Dos formas de lágrima se curvaban la una en la otra, una blanca y la otra negra. Lo reconocí como el símbolo del yin y el yang. Me sorprendí. "¿Es un símbolo sagrado?".

Drake parecía divertido por la pregunta. "No, pero sirve para enseñar una verdad. Dime lo que ves".

"Veo una forma clara y otra oscura que viran la una hacia la otra".

"Bien. ¿Y qué ves dentro de cada una de esas formas?".

"Hay un círculo blanco dentro de la forma oscura, y un círculo oscuro dentro de la forma blanca".

"Cierto otra vez. Dentro de cada experiencia oscura hay potencial para la luz, el aprendizaje y el crecimiento. Puedes tomar cada cosa mala que te ocurra y usarla para hacer más fuerte la luz que hay dentro de ti".

"¿Y el círculo oscuro dentro de la forma blanca?".

"¿Qué crees que significa?".

"¿Que podemos tomar incluso las experiencias más brillantes y volverlas oscuras de alguna manera?".

"Correcto. Hablaremos más de eso en un momento. Primero, entiende que todos nosotros tenemos la capacidad para la oscuridad, si nos dejamos influir por el diablo en vez de por Dios, e incluso el peor de nosotros todavía tiene esa chispa de divinidad por dentro. Todos tenemos capacidad de redención, de perdón y de amor de Dios. No importa lo lejos que creamos haber caído, o lo perdidos que estemos, Él siempre nos acogerá de nuevo si nutrimos esa luz y nos volvemos hacia Él".

"¿Pero por qué quiere Él que tengamos esa lucha para empezar? ¿Por qué no dejarnos experimentar lo bueno sin todo lo malo?".

"Te gusta el ejercicio físico, ¿verdad? ¿Desarollar tu cuerpo y hacerte más fuerte?".

"Sí". Traté de no distraerme por el hecho de que la razón por la que estaba aquí con Drake era porque bebí algo que pensé que me ayudaría a ser más fuerte, pero en lugar de eso me envenenó.

"¿Qué tienes que hacer para desarrollar tus músculos?".

"Levantar pesas, sobre todo".

"Exactamente. Usas resistencia. Algo para que tus músculos trabajen en contra. ¿Por qué haces eso?".

"Sin resistencia, los músculos no se fortalecen".

"¿No es incómodo?".

"Claro, pero vale la pena".

"¿En qué sentido?".

"Soy más fuerte. Puedo hacer más. Me siento más sano".

"Exactamente. Es lo mismo con nuestro espíritu. La única manera de fortalecernos es enfrentarnos a la resistencia. Si se colocara nuestro espíritu en una existencia donde todo fuera fácil, nunca aprenderíamos nada".

Recordé la oscuridad de mi infancia. Había mucho miedo y dolor. Crecí creando en mi mente un universo alterno en el que estaba a salvo. Ahora podía ver claramente que, a pesar de toda la oscuridad –o quizá precisamente a causa de ella–, esas experiencias me habían formado en la persona que era. Y no habría cambiado nada. Ni un solo día, ni un solo momento, ni un solo caso de dolor o daño que me hubieran hecho.

Sabía que estaba precisamente donde Dios quería que estuviera. No quería cambiar Sus planes para mí mientras me moldeaba en lo que era. Si no hubiera experimentado esa oscuridad, no sabía si la luz habría crecido en mí.

Me di cuenta de que, incluso en nuestros días más oscuros, debemos recordar que aún hay luz. Nunca estamos verdaderamente solos. Nunca. Y tenemos que ser conscientes de que cuando estamos llenos de luz, viviendo en el lado luminoso de esa imagen, todavía hay oscuridad que intenta colarse.

Drake dejó que esos pensamientos se asentaran antes de continuar.

"Dijiste hace un momento que podemos tomar incluso las experiencias más brillantes y volverlas oscuras".

"Sí."

"Oscuridad. Miedo. Esa es la naturaleza del diablo. Cuando estábamos en la presencia de Dios antes de venir a la Tierra, no podíamos equivocarnos".

"¿Existíamos antes de nacer en la Tierra?".

"Así es". Drake compartió una imagen de una cinta azul celeste que se extendía infinitamente en ambas direcciones, más allá de los bordes del universo que me había mostrado cuando nos conocimos. Me fijé en un único grano de arena, de un dorado brillante, que descansaba sobre la cinta frente a mí.

"La cinta representa tu existencia eterna", dijo Drake. "El grano de arena representa tu tiempo en la Tierra. Tu experiencia mortal es un breve acontecimiento que ofrece oportunidades esenciales de aprendizaje y desarrollo. Antes de venir a la Tierra, inundados por el amor de Dios, la idea de una elección equivocada ni siquiera nos pasaba por la cabeza".

"Entonces, ¿no había resistencia?".

Drake asintió. "Lo que significa que tampoco había crecimiento. Vivir en la Tierra es como ir a un gimnasio espiritual para desarrollar y fortalecer nuestro espíritu y carácter: el núcleo mismo de lo que somos".

"¿Y el diablo crea esa resistencia?".

"Sí, trabaja en contra de que hagamos lo correcto. O influye en nosotros para que hagamos lo correcto, pero con una motivación equivocada. Ambas cosas son perjudiciales para nuestro crecimiento".

"¿Qué quieres decir?".

"Cada decisión que tomamos está motivada por el miedo o la alegría. Lo estoy simplificando, pero todo se reduce a eso. Cuando comprendemos de verdad el amor que Dios nos tiene, no hay nada que temer. Sobre todo no debemos temer al fracaso. Los errores y los fracasos son una parte necesaria de nuestro progreso. Dios sabe que vamos a fracasar, igual que un niño que aprende a caminar tropieza y se cae, pero Él nos ama completa e incondicionalmente. Siempre que hacemos algo motivados por el miedo, nuestra frecuencia baja, aunque el resultado sea bueno".

"¿Mi frecuencia puede bajar aunque esté haciendo lo que debo hacer? ¿Incluso si estoy haciendo lo correcto?".

"Así es. El diablo y sus seguidores motivan a través del miedo. Date cuenta de que en la existencia mortal, cuando sigues la influencia del diablo, sólo puedes recibir beneficios mortales: dinero, fama, influencia sobre los demás. Si los persigues por el camino del diablo, cualquier beneficio acabará cuando termine tu vida mortal".

"¿Qué quieres decir?".

"Digamos que quieres dinero. Podrías seguir las indicaciones del diablo y robar un banco, o podrías seguir la influencia de Dios y aprender a ganar esa misma cantidad de dinero. Una vez que hayas aprendido a ganar ese dinero, puedes repetir ese éxito una y otra vez. Habrás aprendido a crecer en lugar de destruir, y ese conocimiento es poderoso, porque todo lo que aprendes permanece contigo después de tu muerte".

"Eso tiene sentido".

"No importa lo que te impulse, siempre vale la pena seguir el camino de la luz. Tienes esa opción en cada momento de decisión. Siempre que haces algo por amor altruista, es una conexión con Dios. Es la motivación más elevada que puedes tener. Es la mejor razón para hacer cualquier cosa. Te eleva a ti y eleva tu frecuencia. Por ejemplo, digamos que no has cuidado de tu cuerpo. El miedo a enfermar puede ser lo que inicialmente te motive a cambiar, pero entonces necesitas concentrar tu intención hacia lo que quieres –en este caso, buena salud– no hacia lo que no quieres. Céntrate en el amor y la gratitud que sientes por el don de tu cuerpo y en tu deseo de tratarlo bien".

Cuando pensé en las razones por las que había hecho cosas a lo largo de mi vida, pude ver que lo que decía era cierto. Siempre que hacía algo por miedo, aunque estuviera haciendo lo correcto, no sentía lo mismo que cuando lo hacía por amor. Cuando actuaba por amor, me sentía más fuerte y realizado.

"Creo que ya hemos hablado bastante de esto. Solo recuerda que la obra del diablo es influenciarte para que tomes decisiones que te alejen de Dios. Su obra juega un papel esencial en tu progreso. Reconoce sus tentaciones para que estés capacitado para tomar una decisión clara. Actúa con amor, no con miedo".

Pensé que estaba listo para seguir adelante, pero dudé. Volví a sentir la resistencia al movimiento. Drake hizo una pausa y esperó a que yo elaborara mis pensamientos.

Yo tenía un tío que era ateo. Era un hombre amable y cariñoso, pero se negaba a creer en Dios. Decía que era porque no podía creer que un ser bueno permitiera tanto dolor y sufrimiento en el mundo. Aunque yo creía en Dios, sentía que el amor que sentía por mi tío había grabado algunas de sus creencias en mi psique. Estaba atascado y no sabía qué hacer.

Drake siguió mis pensamientos y dijo: "Sé que todo puede parecer muy injusto mientras estás en la Tierra".

"No sólo *es injusto*", dije. "Hay cosas horribles que le ocurren a la gente buena en la Tierra. Algunas de las peores cosas imaginables les ocurren a niños inocentes. ¿Por qué tiene que ser así?".

"Recuerda que el propósito de la vida es aprender y crecer, y la única forma de hacerlo es experimentar oposición, lucha, incluso dolor y angustia. Y sí, hay grandes males que se perpetran contra personas inocentes. No es culpa suya. A veces, es porque otros utilizan su albedrío para el mal. Otras veces, lo que parece un accidente fortuito fue una experiencia elegida por esa persona aun antes de venir a la Tierra para su propio beneficio y el de otras personas".

"¿Pero cómo explica eso que un niño muera de cáncer o un recién nacido muera a las pocas horas? ¿Estás diciendo que eligieron ese camino? ¿En qué les beneficia estar aquí tan poco tiempo?".

"En la Tierra, tantas cosas se definen por el tiempo, pero el tiempo no es una medida absoluta de crecimiento. Para algunos, basta un breve momento de mortalidad para que se produzcan cambios poderosos. Imagínate que es como una oruga, que debe pasar por la fase de crisálida para convertirse en mariposa. Sólo está en la crisálida durante un breve lapso de su existencia, pero la transformación la convierte en una criatura completamente nueva que puede hacer mucho más de lo que podía hacer como oruga".

"¿Y la mortalidad es como la crisálida para nosotros?".

"Exactamente. Los que están en la Tierra durante un tiempo muy breve reciben de la mortalidad todo lo que necesitan y, al mismo tiempo, participan en la lucha y el desarrollo de los que se quedan. Lo mismo ocurre con los que nacen con discapacidades mentales y físicas; tienen su propio camino de desarrollo, y proporcionan oportunidades para que otros crezcan también. Cada camino es único, lo que hace difícil dar una respuesta sencilla que abarque completamente todas las circunstancias".

Pensé en todo el sufrimiento que había visto y experimentado en la Tierra.

"Sé", dijo Drake, "que es difícil comprender o creer plenamente cuando el dolor es tan intenso y todo lo que puedes ver es la corta duración de tu vida mortal. Pero debes saber que Dios conoce y ama completamente a todas las personas. Cada uno experimentará exactamente lo que necesita en esta vida para progresar tanto como pueda. El sufrimiento siempre tendrá sentido cuando puedas volver a ver la visión eterna".

"¿Pero no hay otra manera?".

"¿Qué propones? ¿Algo más fácil? ¿Algo que no exigiera tanto de tu fe? ¿Algo que no te obligara a sentir una gran compasión por los demás?".

Recordé la imagen del yin y el yang. El mal y el bien en un ciclo sin fin, uno creciendo a partir del otro.

"Lo entiendo", continuó Drake. "Sé que en medio de la confusión y la angustia, todo puede parecer muy injusto. La vida es desafiante por diseño. La espada desprecia al herrero hasta que llega el momento de la batalla. Incluso saber que hay un propósito mayor en la lucha y el sufrimiento puede no disminuir el dolor de la experiencia. Pero recuerda cómo te sentiste cuando nos conocimos. En ese momento, estabas lleno de una desesperación aplastante. Miedo. Dolor. Pero entonces sentiste... ¿qué?".

"Amor. Bondad. Ternura".

"¿Y qué pasó en cuanto dejaste entrar esa luz?".

"Todos los sentimientos negativos desaparecieron. Era como

si nunca hubieran estado ahí".

"Es bueno sentir compasión por los demás cuando sufren. Es aún mejor proporcionarles amor, bondad y ternura cuando lo necesitan. Sólo a través de la lucha y los retos nos hacemos más fuertes. Debes saber que, por muy doloroso que sea, el dolor acaba, y todo vale la pena". Sonrió. "Ven, hay algo que debes ver".

Ahora estábamos muy cerca de la enorme esfera de luz. De la esfera seguía emanando una luz blanca brillante, pero el blanco se transformó en azul conforme se alejaba de la superficie. A continuación, la luz azul se tornaba púrpura y luego un tono rosa brumoso antes de desvanecerse.

A medida que nos acercábamos, pude ver un aura de luz blanca que rodeaba el planeta como un ancho cinturón. Entonces vi que el aura parecía estar formada por millones, quizá miles de millones, de pequeñas estrellas, luminosas como perlas resplandecientes.

Drake dirigió mi mirada hacia una de las estrellas más pequeñas que formaban el aura. Al acercarme, vi que en realidad estaba formada por puntos de luz. Al acercarme aún más, me di cuenta de que las luces individuales eran seres angélicos dispuestos para formar una esfera.

Los llamo ángeles, pues es la mejor descripción de su aspecto. No tenían alas, pero irradiaban poder y gloria. No parecían masculinos ni femeninos, aunque tenían aspectos de ambos. Eran guapos y hermosos y poderosos y tiernos y firmes y amables y, sobre todo, gloriosos.

Los ángeles estaban todos vueltos hacia el centro de su esfera. Me di cuenta de que rodeaban grupos de almas, como una cápsula. El número de almas en cada cápsula variaba; algunas contenían unas pocas almas y otras, miles. Era consciente de que cada cápsula tenía una frecuencia; las almas de cada cápsula compartían la misma frecuencia, y a menudo compartían la misma cultura o periodo de la historia de la Tierra, algunas cápsulas miles de años atrás. Seguí la guía de Drake para observar un alma en una cápsula.

Vi a un hombre de bigote poblado que supuse que había vivido a principios del siglo XX. Llevaba pantalones marrones con tirantes, camiseta blanca, zapatos marrones oscuros con cordones y bombín marrón. Parecía tener unos treinta o cuarenta años, pero de algún modo supe que en realidad tenía unos sesenta cuando murió.

Más que nada, estaba enfadado. Muy enfadado. Gritó en lo que reconocí como italiano. Entendí todo lo que decía aunque no sé italiano. Entendí quién era, su pasado y por qué estaba tan enfadado. Creía que estaba gritándole a su hijo, o a alguien que era como un hijo para él, pero no había nadie. Decía las cosas más crueles e hirientes que se le ocurrían.

Su hijo le había disparado o apuñalado, y este hombre tardó una semana en morir. Aunque había muerto hacía casi un siglo, seguía gritando y agitando los puños, haciendo todo lo posible por dañar al ser imaginario que tenía delante con toda la violencia y la rabia de que era capaz.

De repente, fue como si se despertara de un trance mientras lo último de su ira le abandonaba. Se dio cuenta de que estaba rodeado de ángeles. Cuando levantó la vista y los vio, dos ángeles corrieron a su lado para abrazarlo, y él empezó a llorar. En un instante, los tres empezaron a moverse hacia la gran esfera de luz. Se movieron tan rápido que me pareció que simplemente desaparecieron, aunque instintivamente supe adónde habían ido.

Vi que las almas de cada cápsula se enfrentaban a sus propios problemas: odio, resentimiento, prejuicios, intolerancia, adicción. Esas pobres almas estaban atrapadas en un bucle, como un disco de vinilo atrapado en una rayadura, repitiendo lo mismo una y otra vez.

Lo que me resultaba especialmente triste era que esas almas oscuras estaban rodeadas de estos seres gloriosos llenos de luz y amor esperando para ayudarles, pero estaban tan atrapados en su propia negatividad y dolor que ni siquiera eran conscientes de ellos. Todo lo que podían hacer era imaginar otras almas a las que querían hacerles daño. No fue hasta que finalmente dejaron ir esa energía negativa que pudieron ver la belleza a su alrededor y progresar en su existencia.

Drake redirigió mi concentración y reanudamos nuestro viaje. Me di cuenta de que un gran grupo de ángeles descendía sobre una de las cápsulas, dando refuerzos a los ángeles que ya estaban allí. No podía ver el interior de la cápsula y no sabía qué estaba ocurriendo.

"¿Qué está pasando ahí?", me pregunté. "¿Hay algún problema?".

Drake sonrió con radiante alegría. "De ninguna manera. Los seres queridos están rezando por las almas de esa cápsula. Sus oraciones están concediendo más poder para ayudar a limpiar la energía negativa que están cargando. Esos ángeles vienen a ayudar a ese grupo a seguir adelante. Los grupos tienden a ascender juntos. Es como una graduación, por así decirlo".

Pensé en los huevos de un nido, que suelen eclosionar casi al mismo tiempo.

Drake escuchó mi pensamiento y sonrió. "Sí, así también".

Capítulo 14

TODOS SOMOS UNO

Atravesamos innumerables esferas alrededor del orbe central de luz, el cual brillaba con un resplandor parecido al del sol de la Tierra, sólo que más brillante y luminoso.

Drake continuó mis lecciones. "El miedo es la base de los pensamientos y emociones negativos. Conduce al orgullo, los celos y la hipocresía. Es sorprendente cuántas personas dicen que siguen a Dios, o realmente creen que siguen a Dios, pero sus corazones están lejos del amor que Él tiene por todas y cada una de Sus creaciones. Es especialmente triste cuando esas personas desprecian a otras que también intentan acercarse a Dios pero que siguen una religión diferente. Es entonces cuando esas personas pseudo-religiosas son de los mayores hipócritas".

"¿Qué quieres decir?".

"¿Recuerdas antes cuando hablamos de que es como la gente sentada en una ladera, intentando describir un arco iris?".

"Sí".

"Todas las descripciones, por precisas o completas que sean, tendrán algo de verdad. Todas ellas son valiosas, ya que ayudan a las personas a comprender y apreciar el arco iris. Sea cual sea el nombre con el que una persona llame a Dios, se puede conectar con Él y encontrar verdades absolutas y eternas, independientemente de su religión. Dios tiende la mano a todos los que se la tienden a Él".

"Entonces, ¿hay verdad en todas las religiones?".

"Todas las religiones que enseñan el amor y te animan a acercarte a Dios, sí. Eso es lo más importante que cualquiera puede hacer. Ese es todo el propósito de nuestra existencia en la Tierra: aprender, crecer y tomar decisiones que nos acerquen a Dios".

"Pero si una religión tiene más verdad que otra, ¿no debería ir todo el mundo donde hay más verdad?".

"No todas las verdades resonarán en todas las personas; necesitan una descripción diferente para empezar siquiera a comprender la belleza de todo ello. Es mucho mejor para ellos acercarse a Dios de una manera que funcione para ellos. La mayoría de las personas están en la religión en la que nacieron. Si sólo se quedan porque temen ser ridiculizados, rechazados o repudiados, progresarán más lentamente".

"¿Así que las diferentes religiones apuntan en realidad hacia el mismo objetivo?".

"Dios tiende constantemente la mano a Sus hijos, y saldrá a su encuentro cuando y dondequiera que le tiendan la mano. Piénsalo así: cada religión es una isla en una cadena de islas. La gente de una isla señala a través del agua a otra isla y dice: 'Son malos'. Nuestra forma de vida es la única verdadera'. La gente de la otra isla les devuelve el gesto diciendo lo mismo. Lo que no ven es que la misma roca madre las sostiene y las conecta, y que lo que hay bajo la superficie es mucho, mucho más grande de lo que pueden ver sobre el agua. Imagínate si todas las religiones trabajaran juntas para acercar a todos a Dios, sin destrozarse unos a otros ni recurrir al miedo como motivador".

"Eso sería bastante increíble, en realidad".

Drake sonrió. "Lo sería. Imagina que el budismo, el cristianismo, el hinduismo, el islam, el judaísmo y todos los demás trabajasen en cooperación en lugar de competir. A veces lo hacen, o al menos lo intentan. Pero dentro de cada una de ellas hay facciones que luchan entre sí. Mira, quiero mostrarte algo".

Drake señaló hacia otra esfera de luz. En cuanto mi atención se dirigió a ella, mi conciencia también se dirigió allí. Vi todo un reino de gente religiosa. Inmediatamente pude sentir la bondad que tenían en sus corazones, pero estaban alejados de Dios.

"¿Por qué están aquí en vez de con Dios?", pregunté.

"Mira más de cerca. ¿Qué ves?".

Les miré profundamente y vi lo que les impedía ir al cielo. Pude ver, o intuir, que había otras personas en el cielo con las que las personas que tenía delante no tendrían nada que ver; nunca se permitirían estar en el mismo lugar que "esos paganos" o "esos pecadores".

"Entonces", pregunté", ¿ellos se mantienen a sí mismos fuera del cielo?".

"Así es. El juicio moralista que están aplicando a otras personas es realmente contra ellos mismos, y sólo les afecta a ellos. Recuerda esto: Los juicios que tú aplicas a los demás te mantendrán alejados de la luz y del amor de Dios.

"Si te encuentras juzgando a otro, es porque estás guardando una debilidad o una inseguridad en tu propia alma. Deja ir esa inseguridad. Libérala a Dios. Deja que Él te fortalezca donde tienes debilidades. A medida que Él te fortalezca, te darás cuenta de que cuando mires a la gente y veas lo que Dios ve —los hijos de Dios en hermosos colores, en hermosas religiones, en hermosos estilos de vida— verás que todos son amados sin medida, y te glorificarás en las buenas acciones de esas creaciones, sin importar sus diferencias".

Ver cómo esas personas, por lo demás "buenas", se privaban de una felicidad mayor porque no podían superar sus propios prejuicios me llenó de tristeza. Recordé en la Tierra las veces que había visto a hombres y mujeres religiosos permanecer impasibles mientras otros eran perseguidos y ridiculizados y sus libertades y derechos amenazados o arrebatados.

Comprendí que ésa no era la manera de Dios. Dios nos creó con libre albedrío, y que cualquiera que quisiera quitarnos ese albedrío —esa capacidad de elegir nuestro propio camino— no estaba siguiendo la relación de Dios con sus hijos. Era lo contrario del camino de Dios.

Cuando lo acepté de todo corazón, recorrimos la distancia final hacia la gloriosa esfera que teníamos ante nosotros.

Capítulo 15

EXPLORAR EL CIELO

Al acercarnos a la esfera, sentí como si estuviera inmerso en la luz del amor puro y me sentí lleno de paz y alegría. Sólo así puedo explicarlo. También comprendí que todas las formas de luz –física, espiritual y mental– proceden del amor de Dios.

El reino era más brillante que el sol de la Tierra y, durante un tiempo, la luz era tan intensa que no podía ver nada. Me pregunté qué increíble sería nuestro propio sol si no tuviéramos un cuerpo físico y pudiéramos hundirnos en él.

Cuando entramos en la atmósfera superior del reino, mi visión se aclaró. Pude ver que el lugar era un planeta, como la Tierra, pero la luz que brillaba en él estaba compuesta por un espectro infinito de colores que ondulaban y fluían, más de lo que mi mente podía comprender.

No tengo palabras para describir lo increíble que fue ver tantos colores. Pensé que sólo ver esos colores cambiaría la vida.

Aún más asombroso fue que no sólo podía ver un color, sino que podía *sentirlo*. Cada color tiene una frecuencia particular en el amor, y yo podía sentir esa frecuencia mientras experimentaba el color.

Mientras descendíamos al mundo a través de los colores, me sentí como si me quisieran con un millón de besitos. Me sentía eufórico en mis entrañas. El primer color que distinguí fue una especie de azul, el azul más brillante y prístino que puedas imaginar, brillante como el neón. A diferencia de la Tierra, donde el cielo azul nos rodea desde arriba, este azul irradiaba del propio mundo. Tuve la sensación de que estaba viendo la Tierra real, y que aquella en la que había estado viviendo no era más que una copia de este gran planeta, una sombra que existía en un plano inferior.

Estaba tan absorto en todo lo que estaba viviendo que no me di cuenta de que estábamos a punto de aterrizar. Hasta que no sentí la cálida y suave hierba bajo mis pies no estaba consciente de que habíamos llegado, y un nuevo tipo de experiencia sensorial me recorrió por completo. Podía sentir el dulce olor y sabor de la hierba a través de los dedos de mis pies. Miré hacia abajo y me sobrecogió el hermoso y luminoso verde que irradiaba cada brizna de pasto.

Cuando mi asombro y aprecio fluyeron de mí al pasto, me sorprendió que el pasto me correspondiera, enviándome los mismos sentimientos. No era simplemente un reflejo de mis propias emociones: Me estaba comunicando con el pasto, el cual tenía una conciencia compleja; era consciente de mí y de mi experiencia.

"¿Cómo eres tan complejo?", pensé.

"Todos somos individuos", fue su respuesta.

Cada brizna de pasto era una entidad individual, pero todas se unían para crear un organismo hermoso y poderoso. Noté un zumbido mientras cada brizna armonizaba con sus vecinas para crear una suave y amorosa frecuencia que me envolvía.

Enseguida asimilé la lección del pasto: cada uno de nosotros somos una conciencia individual, frecuencias individuales; sin embargo, cuando actuamos como un solo cuerpo, tenemos mucho más poder y fuerza en Dios.

Le pregunté a Drake: "¿Es mi familia uno de esos grupos como esta hierba?".

"Algunos de ustedes lo son".

"¿Por qué no lo somos todos?".

"No todos ustedes quieren ser así, y no pasa nada. Algunos se están uniendo en un grupo de amor. Algunos quieren estar por encima de esa frecuencia, y otros quieren estar por debajo. Cada uno elige la frecuencia con la que se siente más cómodo".

Volví a centrar mi atención en el pasto, perdido en la maravilla de todo aquello.

"Sabes", dijo Drake, "aquí hay mucho más que pasto".

Aparté mi conciencia del pasto, ansioso de saber más. "¿Dónde?".

Drake señaló una hilera de flores junto al campo de pasto.

Pensé: "Me encantaría experimentar esa flor de ahí", e inmediatamente mi conciencia experimentó todas las sensaciones de la flor con absoluto amor y aprecio. Me devolvió directamente esos mismos sentimientos poderosos.

Al interactuar con la flor, descubrí que era aún más compleja que el pasto, y el sonido que emanaba de ella era aún más hermoso que el creado por el pasto. Todavía podía oír el pasto, y los dos sonidos interactuaban en una armonía sagrada, penetrando cada célula espiritual de mi ser. Quise que todo el mundo pasara tan sólo cinco minutos experimentando una flor en el cielo; cambiaría radicalmente su percepción del universo y de su lugar en él.

Drake contuvo su presencia mientras yo absorbía las sensaciones a mi alrededor y me deleitaba en la maravilla de todo aquello. Casi era demasiado cuando se inclinó de nuevo y dijo: "Ten cuidado al intentar entenderlo todo a la vez. Puede abrumarte".

"De acuerdo", dije, arrastrándome de vuelta del glorioso borde del asombro.

"¿Estás listo para más?". Podía sentir su alegría al compartir la maravilla de descubrimiento que yo sentía.

"¿Qué más hay?".

"Hay agua".

"¿Agua?". Descubrí que podía sentir dónde estaban las cosas, aunque no pudiera verlas. De repente vi el paisaje más amplio y me quedé asombrado ante su grandeza. Siempre he sentido un profundo aprecio por la naturaleza. De niño, casi todos los fines de semana, mi familia iba a una cabaña en el Cañón de Provo, cerca de casa. Me encantaban todas las formas de la naturaleza, y aquí, ante mí, estaba en su forma perfecta.

Los campos de flores brillaban en una miríada de colores. Al borde de estos campos, un majestuoso bosque se extendía interminablemente en la distancia. En la frontera entre el bosque y el campo había una amplia corriente. Podía intuir que la corriente acababa desembocando en un río que a su vez desembocaba en una gran masa de agua que descansaba en las profundidades del bosque, más allá de mi vista.

Quería experimentar la corriente, e inmediatamente, ahí

estaba mi conciencia. Me sumergí de cabeza en el flujo de energía. Era como si cada molécula de agua fuera un sol en miniatura. Sentí como si hubiera metido la cabeza en una corriente de agua terrenal, pero llevaba un calor tranquilizador, como el que sentí cuando Drake apareció por primera vez en el hospital, pero a un nivel aún más alto del que ya había experimentado. Se llevó todo el miedo, la duda y la preocupación. El agua tenía su propia música, un flujo melódico que subía y bajaba en dulces tonos curativos.

Aprendí que el agua existía en apreciación del amor de Dios. Era como una representación del amor que Dios nos tiene y un símbolo del flujo de la energía del amor.

En un milisegundo de mi experiencia con el agua, aprendí cómo Dios fluye más allá de los obstáculos. Cuando el agua se encuentra con un obstáculo, busca un camino alrededor hasta que lo encuentra, y entonces fluye a su alrededor, rodeándolo. Nunca se cansa, siempre buscando hacer su trabajo.

Me fijé en una raíz en el agua. Curiosa, mi conciencia siguió la raíz, que condujo a un árbol. La música del árbol fluía con facilidad, y me enseñó su lección: fluir y estar abierto al flujo de la vida. Aprendí que los árboles son tan fluidos como el agua. Si vieras una película secuencial de una semilla brotando a un retoño y creciendo hasta convertirse en un árbol adulto, verías su fluidez. Si clavas un clavo en un árbol, éste crece alrededor del clavo. Los árboles pueden crecer alrededor de rocas y edificios. Un árbol puede envolver cualquier cosa con sus ramas.

Cuando encuentres un obstáculo, no pierdas el tiempo sintiéndote mal por él. Cuando una puerta se cierre ante ti, busca el nuevo camino.

"¿Te fijaste en el escarabajo?", Drake preguntó.

"¿Escarabajo?". Seguí su pensamiento hasta las flores. Efectivamente, arrastrándose por una de las flores había un escarabajo, similar pero más glorioso que cualquier escarabajo de nuestra tierra sombra. Parecía un escarabajo, pero tenía el dibujo de una abeja, con rayas amarillas y azules iridiscentes. No percibí ningún otro escarabajo cerca y me di cuenta de que tenía una conciencia más simple y singular que la conciencia en red del pasto, las flores y el árbol. Pensé que probablemente se debía a que estaba solo, mientras que los demás formaban parte de una red que elevaba a cada uno de sus miembros.

Mientras miraba al escarabajo que se arrastraba por la flor, sentí que le hacía cosquillas a la flor, ayudándola a crecer y a florecer aún más brillantemente que antes. Vi la naturaleza divina de este insecto y comprendí que incluso nuestra más pequeña influencia puede servir un propósito divino.

Seguía siendo consciente de la música del pasto, la flor, el agua y el árbol, y ahora los bellos acentos del escarabajo se superponían a ellos, como chispas de dulce sobre el glaseado de un pastel. Juntos formaban una sinfonía suave y sutil que hacía que mi corazón se hinchara de gratitud y alegría. Mi felicidad era desbordante y empecé a sentir que iba a explotar.

"Bien, vamos a traerte de vuelta", dijo Drake, riéndose de mi excitación. Me extendió su energía y devolvió la conciencia a mi ser como si fuera un pez en un sedal. Mi energía se estabilizó y recuperé el control de mí mismo, aunque la maravilla de todo aquello seguía siendo fuerte.

Drake señaló un edificio en lo alto de una gran colina y dijo: "Aquí todo tiene una frecuencia. Incluso edificios como ése".

Cuando mi conciencia se expandió, me di cuenta por primera vez de que estábamos en un valle, con una colina a un lado. Más allá de la colina, el terreno se elevaba cada vez más hasta convertirse en una montaña, más enorme que cualquier otra que yo hubiera imaginado. Su cima nevada era dentada como el monte Matterhorn o Cervino, pero más grande, con una base enorme, como si el monte Matterhorn o Cervino se hubiera colocado encima del monte Fuji.

En la cresta de la colina se alzaba un magnífico edificio blanco de cinco plantas y tejado plano. La planta superior se extendía hacia el exterior, formando un porche cubierto sostenido por anchas columnas estriadas adornadas con intrincadas volutas. Los arcos de la pared exterior llegaban desde el suelo hasta la mitad de la estructura. El edificio se extendía a lo largo de lo que parecían kilómetros, pero no podía ver hasta dónde. Sólo sabía que estaba viendo un solo extremo de este gran edificio posado en lo alto de la colina.

Cuando empecé a concentrarme en el edificio, la sinfonía del entorno se desvaneció en el fondo de mi conciencia. Sentí que este edificio era un lugar de aprendizaje. Noté un halo de luz alrededor del edificio y movimiento alrededor de la base.

"¿Esas son personas?", me pregunté, y al instante mi conciencia se acercó y estaba en el edificio, entre la gente que había visto desde lejos.

La gente paseaba, reía y se abrazaba. Algunos iban cogidos de la mano, pero todos llevaban portapapeles, papeles, libros o pergaminos. Todos estaban entusiasmados con lo que estaban estudiando.

Siendo artesano, mi curiosidad volvió al edificio. El edificio en sí parecía hecho de una sola pieza de mármol, como una estatua gigantesca. Me quedé perplejo al notar que no había puertas en ninguna parte. Había lugares donde las paredes parecían más delgadas, como ventanas translúcidas, y de ellas irradiaba una luz acogedora. No podía ver con claridad a través de las ventanas, pero veía que había gente moviéndose dentro. Era como mirar a través de un vidrio esmerilado o del hielo de un río.

"¿Cómo se construyó esto?", preguntaba. "¿Cómo entra y sale la gente?".

Vi cómo dos personas se acercaron al edificio. Sentí que su frecuencia coincidía con la del edificio, y la pared de éste se onduló y se movió, formando un portal por el que entraron las dos personas. En cuanto lo atravesaron, la pared volvió a cerrarse. Momentos después, vi a otras personas salir del edificio: la pared simplemente se abrió para dejarles pasar y luego volvió a cerrarse. Brillaba y cambiaba de color, reflejando el amor y la pasión de las personas que entraban. Era realmente mágico.

Sabía que incluso el edificio tenía conciencia, intelecto e incluso amor. De alguna manera, esta estructura de mármol irradiaba amor incondicional por los estudiantes. Sabía que contenía grandes conocimientos y se regocijaba en su capacidad de compartirlos con cualquiera que estuviera preparado. Todo lo que tenía que hacer una persona era sintonizarse con la misma frecuencia de amor que emitía el edificio, y podría entrar y compartir la alegría del aprendizaje. Sentí su invitación a elevar mi frecuencia para poder resonar con esta sala de aprendizaje y entrar.

Quizá lo más curioso que había notado desde que llegué era que todo lo que había encontrado tenía conciencia. *Todo* estaba vivo. Fue entonces cuando me di cuenta de que todas las conciencias individuales que podía sentir –de la hierba, las flores, el agua, el árbol, el insecto y el edificio– eran en realidad extensiones de Dios.

Antes de que pudiera hablar, Drake dijo: "Sí, es cierto. Tú también tienes una parte de esa conciencia de Dios dentro de ti. Es lo que mantiene vivo tu espíritu. Fuiste creado por Dios, y todo, tanto en la existencia física como en la espiritual, fue creado por Dios. Todo fue hecho por amor. Él creó un sistema para que podamos descubrirlo en nuestras vidas mortales de maneras pequeñas y simples. A través de nuestra experiencia mortal, podemos reconocer el amor incondicional que Él nos tiene".

Drake hizo que mi conciencia volviera al lugar donde habíamos aterrizado. Éste era el mundo *real*. Incluso las partes más bellas de la Tierra no parecían más que un esbozo a lápiz comparado con la brillantez de este reino.

Nos quedamos allí juntos, con el suave pasto bajo nuestros pies, una sinfonía de las creaciones de Dios en el fondo de mi conciencia. Nunca había sentido tanta alegría.

Entonces sentí un cambio en las emociones de Drake.

"Vinney", dijo con tanta ternura y resolución. "Sé que esto va a doler, pero valdrá la pena. Te lo prometo". Extendió su energía y me abrazó en lo que sólo puedo describir como un "abrazo de corazón".

Y entonces oí la voz de mi hermano Tyler.

TERCERA PARTE

Capítulo 16

MI IRÓNICA TRAGEDIA

Podía oír la voz de mi hermano hablando desde el mundo físico, como si me hablara directamente al oído. Rezaba una oración especial—lo que en mi religión llamamos una "bendición"— sobre mi cuerpo en el hospital. Dijo que me recuperaría y que volvería.

Cuando terminó la bendición con un "amén", algo que sentí como un lazo de energía me envolvió y tiró de mí hacia atrás. Todo el progreso que había logrado, la incalculable distancia que había recorrido, desapareció en un instante al ser arrastrado de vuelta a mi cuerpo.

La bendición la pronunció mi hermano a las 21:30 horas del lunes 20 de enero. El martes por la mañana a la 1:11 desperté del coma. Drake tenía razón en que dolía. Me sentía como si estuviera atado con una camisa de fuerza.

Actuando por instinto, me arranqué los sensores conectados

a mi cuerpo, me saqué el tubo de la garganta y me liberé de los electrodos conectados a mi cabeza. Me arranqué la bata de hospital intentando liberarme. Entonces me di cuenta de la causa de mi sensación de restricción: era mi cuerpo.

Es difícil describir plenamente la profundidad o el dolor de la transición. De repente me sentí incómodamente consciente de la cacofonía que me rodeaba. Las máquinas del cuarto hacían sonar las alarmas. Me levanté de la cama y desenchufé las máquinas para que cesara el ruido, luego cogí la bata del hospital y me la puse alrededor de la cintura.

Salí corriendo del cuarto y recorrí el pasillo. Al final del pasillo había un ascensor. Apreté frenéticamente el botón del ascensor. No sabía adónde iba y me daba igual. Sólo tenía que salir. Estaba apretando el botón de bajada del ascensor una y otra vez cuando vi a una enfermera entrar en mi cuarto. No me vio al final del pasillo. *¿Por qué tarda tanto el ascensor?*, pensé.

La enfermera gritó: "¡Doris!".

Otra enfermera entró en el cuarto. Jadeó sorprendida.

De algún modo, yo era consciente de lo que ocurría en mi cuarto. La primera enfermera buscaba debajo de la cama y alrededor del cuarto, intentando encontrar dónde se había metido su paciente en coma.

Doris salió del cuarto y miró por un lado y el otro de los pasillos. Me preguntaba: *"¿Puedo bajar corriendo las escaleras? Ni siquiera sé dónde están las escaleras. Me va a encontrar"*.

Entonces Doris me miró directamente. Yo tenía una mano en el botón del ascensor y la otra sujetaba la bata de hospital alrededor de mi cintura. Doris lanzó un grito de película de terror. Casi me dejé caer la bata.

La otra enfermera salió corriendo de mi cuarto y las dos

mujeres corrieron por el pasillo hacia mí. Pensé en volver a huir, pero pude sentir su preocupación y sabía que podrían meterse en problemas si me iba. Por respeto a ellas, no podía irme. Dejé que me acompañaran a mi cuarto.

El médico y la enfermera encargada llegaron poco después de que volviera a mi cuarto, y tuve que responder a una batería de preguntas.

"¿Qué te ha pasado?", preguntó el médico. Era más bajo que yo, quizá de unos cincuenta años. Me miró a través de unas gafas de cristales gruesos.

"No lo sé".

Me di cuenta de que estaba molesto y de que nada en mi situación tenía sentido para él. Intentaba averiguar cómo había podido ocurrir. Apenas esperó una respuesta antes de lanzarme la siguiente pregunta.

"¿Sabes la fecha?".

"No".

"Has estado inconsciente durante tres días. ¿Sabes cómo te llamas?".

"Vinney Tolman". Esa la hice bien.

"¿Sabes tu fecha de nacimiento?".

"Siete de septiembre". También acerté esa.

"¿Sabes en qué año te graduaste de la escuela secundaria?".

"'96." Todo iba sobre ruedas.

"¿En qué año estamos?".

Mientras continuaban las preguntas, las enfermeras intentaron volver a conectarme a los sensores y dispositivos, pero me lo arrancaba todo casi tan rápido como podían volver a colocármelo. No soportaba sentir nada contra la piel. Me suplicaron que cooperara y finalmente llegamos a una tregua con un tensiómetro en el brazo derecho y dos sensores en la mano.

También querían darme oxígeno, ya que mis niveles eran bajos cuando estaba en coma, pero los sensores de oxígeno indicaron que mis niveles habían vuelto a la normalidad, así que abandonaron esa lucha.

"Miren, sólo quiero irme a casa", dije.

"No es una buena idea", insistió el médico. "Me gustaría que vieras a un neurólogo y un cardiólogo".

El médico se dirigió a una joven enfermera con uniforme rosa y le dio instrucciones para que le hicieran una batería completa de análisis de sangre y otras pruebas. Nunca la había visto antes, pero en ese momento supe que tenía un niño pequeño en casa. Por primera vez, me di cuenta de que yo sabía cosas que no tenía por qué saberlas.

"Sólo quiero irme a casa", repetí, pero ya nadie parecía escucharme.

Para cuando el médico terminó de dar órdenes a la enfermera, llegó un hombre con uniforme de seguridad del hospital para asegurarse de que no fuera a huir de nuevo. Se quedó de lado de la puerta un par de horas y luego se marchó sin decir palabra, aparentemente satisfecho de que ya no había riesgo de fuga.

No paraba de pulsar el botón de llamada para preguntar a las enfermeras cuándo podría irme. No veía ninguna razón para quedarme en el hospital. Me dijeron que mi alta no era decisión suya y que dirigiera cualquier discusión sobre mi alta al médico.

Cuando por fin volvió el médico, me dijo: "Nos gustaría tenerle aquí uno o dos días más, sólo para asegurarnos de que está realmente bien".

"No, gracias. Ya me quiero ir".

El médico suspiró y negó con la cabeza. "Necesitaremos que firmes formularios de autorización".

"Firmaré lo que sea con tal de que me saque de aquí".

El personal de enfermería me interrogó durante varias horas más, haciéndome casi el mismo tipo de preguntas que me había hecho antes el médico: ¿Cuál era mi dirección? ¿Dónde nací? ¿A qué escuela secundaria asistí? Parecía como si trataran de atraparme en una contradicción para demostrar que no estaba en condiciones de irme a casa. Luego me hicieron pasar una vez más por un escáner de resonancia magnética, que me hizo sentir especialmente claustrofóbico, a pesar de que sólo me escaneaba la cabeza.

En el cambio de turno de las 5 de la mañana, un neurólogo entró en mi cuarto.

"Aquí está mi chico milagro", dijo. Estaba claramente asombrado de mí. "Realmente no hay explicación de por qué estás vivo, o por qué todavía tienes un cerebro que funciona. Deberías estar muerto, o al menos ser un vegetal. Es un auténtico milagro".

Yo no sabía nada de eso. No recordaba nada después de ir a casa de mi amigo Rob. Ni siquiera recordaba haber ido a Dairy Queen. Era como si tuviera un agujero negro en la memoria: Sabía que había algo allí, pero no tenía ni idea de lo que era. Al cabo de una hora, recibí un flujo constante de visitas, con un médico o una enfermera tras otra que venían a ver al tipo que había muerto, había estado en coma durante tres días y ahora estaba perfectamente sano, como si no hubiera pasado nada.

Por fin, poco después de las seis de la mañana, los médicos y el neurólogo aprobaron mi alta. Después de firmar casi cuarenta formularios, salí del hospital. Una enfermera llamó a mi padre para que me llevara a casa. La verdad es que no era mi primera opción. Mi padre y yo no estábamos unidos. Llevábamos años sin estarlo.

Una hora más tarde, estaba sentado en una silla de ruedas en el vestíbulo del hospital, esperando mi transporte. Detrás de mí había un camillero alto y larguirucho, con las manos agarrando los mangos de la silla de ruedas. Mi familia se había llevado mis pertenencias a casa mientras estuve en coma, así que lo único que tenía que ponerme era un uniforme verde de hospital que me dio uno de los camilleros. La camisa me quedaba bien, pero los pantalones me apretaban un poco. Me moví incómodo en la silla de ruedas y metí los pies en las zapatillas del hospital.

Cuando vi a mi padre entrar en el carril de recogida frente a la entrada principal, sentí un nudo en el estómago. No esperaba que se compadeciera de mí, ni siquiera que sintiera alivio de que estaba vivo. Todo lo que esperaba era que me llevara a casa y tal vez algunas preguntas incómodas que no quería responder. Me levanté de la silla de ruedas, le di las gracias al camillero y salí caminando.

Mi padre se detuvo en la acera y, sin siquiera apagar el motor, se extendió a través del asiento del pasajero y abrió la puerta de un empujón. Subí al coche en silencio y cerré la puerta. Estábamos de camino a casa cuando mi papá por fin rompió el silencio. "¿Estás bien?".

"Sí". No sabía qué más decir.

"¿Vas a estar bien?".

"Sí".

"¿Vas a trabajar hoy?". La pregunta no me sorprendió, viniendo de mi padre.

"Creo que no".

"¿Vas a trabajar mañana?".

"Probablemente". No vi ninguna razón para no hacerlo. "¿Cómo está Rob?", le pregunté.

"Dicen que está bien. Le hicieron un lavado de estómago".

Hasta ahí llegó nuestra conversación. Más tarde me enteré de que mi madre había estado fuera de la ciudad cuidando a un familiar y ni siquiera sabía que me había pasado algo. Al parecer, mi padre y mi hermano estaban esperando a ver si yo iba a vivir o morir antes de decírselo. Al día siguiente volví al trabajo.

Me presenté en el trabajo el miércoles, sin saber cómo reaccionaría mi jefe, Larry Gleim, a mi regreso. Nadie le había dicho dónde estaba. Larry era un gran trabajador. Incluso a sus sesenta años, podía trabajar más que cualquiera de los empleados de su equipo de construcción.

Entré en la obra y le busqué. Giró la cabeza en mi dirección y me miró a través de sus gruesas gafas.

"Oh, todavía estás vivo", dijo sardónicamente. "Hace dos días que no llamas ni apareces. Creí que estabas muerto".

"Lo estaba", dije.

"¿Qué?". No estaba seguro si estaba bromeando o no.

"Si todavía tengo trabajo, te lo contaré".

No dudó. "Por supuesto, tienes trabajo. Tenemos trabajo que hacer".

Aparte de lo que me habían contado los demás, no tenía mucho que contarle. Le conté que me desperté en el hospital y le enseñé dónde había hecho el paramédico la incisión para la traqueotomía.

Varios días después, salí a cenar a Wingers, en Orem, con mi hermano y su novia, mi hermana mayor Tami y sus dos hijos. Cuando la cena tocaba a su fin, Tami me apartó.

"¿Recuerdas algo de la muerte?", preguntó.

Conscientemente, *pensé que no había pasado nada*, pero su pregunta desencadenó un torrente de recuerdos. Fue como si se abriera un archivo informático oculto en el disco duro y la información apareciera en la pantalla de mi mente.

Las palabras salían a borbotones. Le hablé de mi guía espiritual. Le expliqué que tenía que educarme para volver al lugar de donde venimos y que mi guía me había enseñado lo que necesitaba saber. Le dije que había visto el cielo, que era un lugar real.

A medida que las palabras fluían, también lo hacían mis emociones. De pie en medio del restaurante, las lágrimas corrían por mis mejillas. Pero incluso mientras le contaba lo que pasó después de mi muerte, en mi cerebro se libraba una batalla. *¿Estoy loco? ¿Lo he vivido de verdad o me lo he inventado?*

Al principio, Tami se mostró sorprendida y un poco escéptica. Cuando terminé mi historia, todo lo que dijo fue: "Eso tiene sentido". Había decidido que mi experiencia coincidía con lo que ella esperaba que ocurriera después de esta vida. Volvimos a la mesa con el resto de la familia como si no hubiéramos tenido una conversación sobre la vida después de morir.

Después de cenar, sentado solo en mi coche, me reprendí a mí mismo. *Idiota*, pensé. *¿Por qué se lo contaste?* Una voz poderosa dentro de mí respondió: "Porque eso es lo que pasó".

Ahora batallaba con un nuevo tipo de lucha. Seguía teniendo impresiones espirituales sobre la gente que me rodeaba. Podía sentir cosas que no podía ver. Eso no era *normal*. ¿Había sufrido daños cerebrales? ¿Me estaba volviendo loco?

También sentía que no podía contárselo a nadie. Me preocupaba que la gente me juzgara o me tildara de loco.

Lo más inquietante de todo era que quería que mi vida se acabara. Me encontraba imaginando formas de acabar con mi vida "accidentalmente". No me atrevía a hacer planes para suicidarme. Cada vez que mis pensamientos se desviaban en esa dirección, podía sentir que la energía de esos pensamientos era exactamente lo opuesto a lo que quería que regresara. Aunque eso me impedía hacerme daño, ya no me sentía a gusto en mi propia piel y ansiaba volver a casa para vivir en el mundo real, no en esta falsificación del mismo. Más aterrador era el miedo a ¿y si no existiera? ¿Y si me lo imaginaba y esto era todo lo que había? Esa sería una forma de infierno.

Decidí que necesitaba ayuda profesional. Pedí cita para hablar con un psicólogo. Cuando nos conocimos, me sinceré y le conté toda mi experiencia. Me contestó que probablemente era mi cerebro el que rellenaba los huecos por falta de oxígeno. Me dijo que no era capaz de ayudarme y me remitió a un psiquiatra. Cuando hablé con el psiquiatra, también le conté mi experiencia.

"Bueno, Vinney", dijo. "Parece que estás sufriendo de delirios. Todo esto está pasando en tu mente".

Algo dentro de mí se resistía a su conclusión. Él estaba equivocado y yo lo sabía. Finalmente me rendí a las impresiones espirituales que me apremiaban. "Entonces, ¿por qué sé estas cosas? ¿Por qué sé que...?".

Procedí a compartir información sobre él que me llegaba al cerebro tan rápido como podía decirla, cosas que no debería haber sabido, cosas personales que sólo él sabía de su vida y pensamientos que guardaba en su interior.

Cualquier cosa que dijera desencadenaba al psiquiatra. De repente se puso rojo, se levantó, señaló la puerta y gritó: "Fuera de mi despacho, ----. No quiero volver a verte".

Atónito, dejé de hablar, recogí mis cosas y me dirigí a la puerta.

Al salir, me dijo: "Algo te ha pasado. Es imposible que alguien sepa esas cosas". Prácticamente azotó la puerta detrás de mí.

Su recepcionista estaba mortificada. "Lo siento mucho. Nunca le había visto actuar así. ¿Qué dijiste?".

"No lo sé", dije. Salí del despacho.

Sentí que lo peor que jamás me había pasado en la vida fue regresar a la vida.

Capítulo 17

NOSTÁLGICO

Me sentía perdido.

Tal vez fuera la nostalgia del cielo, pero me invadía una abrumadora sensación de tristeza y pérdida. Hablaba con Dios, pero me sentía alejado de Él. La religión había sido una parte importante de mi vida antes de esta experiencia, pero ahora comprendía lo incompletas que eran las enseñanzas religiosas. Recordé de mi tiempo con Drake que las religiones suelen tener buenas intenciones e incluso nos ayudan a prepararnos y progresar en esta vida, pero sólo pueden describir una parte del espectro completo del arco iris. Yo había visto el verdadero arco iris.

Dios era tan tangible al otro lado. No tenía que verlo para saber que estaba allí. Podía sentirlo en todo. El pasto. Los árboles. Las flores. Incluso el agua manifestaba Su presencia. Sin embargo, aquí en esta vida, tenía que trabajar para sentir Su presencia. Podía sentir mi separación de Dios, y era casi insoportable. Todo lo que tenía aquí era mi familia y mi carrera. Deseaba desesperadamente regresar a mi verdadero hogar, pero Drake me había dicho que tenía que volver a la Tierra, y que valdría la pena.

Así que oré. Oré mucho. Mientras oraba, me di cuenta de que no estaba solo. Solía pensar que había un hombre alto y santo en las nubes esperando para responder a mis oraciones. Ahora, podía sentir que sus representantes estaban allí conmigo para escucharme y ayudarme a guiar mis oraciones para que dijera y pidiera las cosas correctas, si estaba abierto a su guía. Estos seres eran facilitadores, además de guías, y me ayudaban a aprender a dirigir mis intenciones y a desarrollar mi poder individual de creación. Nunca lo había sentido antes.

Seguía sintiéndome dolorosamente desconectado de Dios en esta dimensión, aunque me esforzaba por conectarme con Él. No lo sentía como en el mundo real, así que supuse que no estaba en el pasto, los árboles ni las flores. Aun así, me esforcé por comunicarme con Él.

Entonces, una mañana, al mirarme en el espejo, vi a Dios en mis ojos. Fue entonces cuando todo empezó a cambiar para mí. Me di cuenta de que en este mundo, debemos encontrar a Dios dentro de nosotros mismos, y entonces podremos encontrarlo en todo lo demás. Después de ver a Dios en mis propios ojos, pude verlo en los ojos de los demás, y en la existencia de todas las cosas. En el otro lado, puedes ver la presencia de Dios como una manifestación externa. En este lado, tienes que conectarte con Dios dentro de ti, y entonces podrás conectarte con lo divino en todos y en todo lo demás.

Ahora comprendía que hay una conexión con Dios en

cada ser humano. Supe que hay una presencia de Dios en cada planta, en cada animal, en cada ser vivo. Comprendí que Dios está incluso en las cosas que consideramos no vivas. Dios está en todo.

Tardé meses, pero acabé aceptando que estaba atrapado en este reino hasta que llegara mi hora de volver, y decidí cambiar mi forma de vivir la vida. Dejé de vivir sólo para mí y empecé a vivir con la esperanza de ayudar, amar y elevar a los demás. Sabía que la forma de salir de mi soledad y desesperación era a través del amor. Cuando trabajaba para ayudar a los demás, sirviéndoles con amor, pude sentir el amor de Dios a cambio.

Descubrí que cuando elevaba mi frecuencia a través del servicio, sentía el amor de Dios con más fuerza. En ese estado superior del ser, descubrí que aún podía comunicarme con Drake. Él me enseñó que podía comunicarme con otros guías que estaban allí para ayudarme a mí y a otras personas con las que me encontraba. Cuando seguí la dirección de mis guías al servir a los demás, se fortaleció mi conexión con el amor de Dios y, con ese amor, supe que podía sobrevivir.

También necesitaba hacer otra cosa. Necesitaba volver a conectarme con la familia y con los buenos amigos. Y eso es lo que me llevó a mi ángel.

Capítulo 18

OTRO ÁNGEL

Mientras hacía cambios en mi actitud y mis acciones, pensaba en todas las personas buenas que habían pasado por mi vida. Una de ellas era una joven con la que había crecido. Leslee me había llamado unas semanas antes de que morí y me había preguntado si quería pasar un día con ella y sus amigos. Yo había rechazado su invitación porque pensaba que tenía "cosas mejores que hacer". La verdad era que Leslee había hecho de la religión una parte central de su vida, mientras que yo había estado llenando mi tiempo con el trabajo y los amigos. Me había ido alejando de mi iglesia.

Después de morir y volver a este mundo, me di cuenta de que los amigos y la familia a los que había estado dando la espalda eran mucho más importantes en mi vida que cualquiera de los otros círculos sociales con los que había estado participando. Unos meses después de mi recuperación, estaba borrando viejos contactos de mi teléfono cuando vi el nombre de Leslee y tuve la impresión: "Tienes que devolverle la llamada". La llamé un martes.

"Hola", se oyó su voz a través del teléfono.

"Hola, Leslee. Soy Vinney".

"¡Vinney!", dijo entusiasmada. "¿Cómo has estado?".

"He estado bastante bien. ¿Y tú?".

"Estupendo. ¿Qué pasa?".

"¿Recuerdas que hace unas semanas me invitaste a salir, pero te dije que no podía?".

"Sí".

"Bueno, me preguntaba si podría ahora aceptar tu invitación y reunirnos y hacer algo".

"Seguro. Unos amigos y yo vamos a jugar a los bolos esta noche. ¿Quieres venir?".

"Absolutamente".

"Estupendo. Si quieres, puedes venir a mi casa alrededor de las siete y pasar el rato. Ya estaremos allí unos cuantos".

"Gracias".

"De nada. Me dará gusto volver a verte".

Tuve tiempo de sobra para prepararme y luego me dirigí hacia allí. Leslee no vivía muy lejos; de hecho, vivía en la misma calle. Estacioné el auto en la calle y me acerqué a la puerta. Dentro se oían voces de hombres, hablando y riendo.

Llamé a la puerta, pero no hubo respuesta, ni siquiera una pausa en la conversación. Esperé un minuto y llamé con más fuerza. Seguía sin haber respuesta.

Decidido a no dejar pasar otra oportunidad de reencontrarme con mis amigos, golpeé la puerta con los nudillos. Oí a una chica gritar desde algún lugar de la casa: "¿Va a contestar alguien?". No reconocí su voz.

Tampoco le contestó nadie. Entonces oí unos pasos que bajaban las escaleras hacia la puerta, y ésta se abrió. La joven que estaba allí era rubia, guapa, de unos veinte años de edad. Y estaba radiante.

Cuando digo que estaba radiante, podía ver, con mis ojos físicos, la misma luz que había experimentado en el otro lado irradiando de ella.

Me quedé sin palabras. Ella también. Nos quedamos mirándonos el uno al otro durante lo que parecieron minutos.

Finalmente, pregunté: "¿Puedo pasar?".

"Sí, claro. Íbamos a jugar al billar arriba. ¿Quieres jugar?".

"Seguro. Me gustaría".

La seguí por la escalera. Cuando llegamos a la sala de billar, no había nadie más. Jugamos, los dos solos. Y hablamos.

Me dijo que se llamaba Andrea. No era el tipo de chica que me hubiera atraído o con la que hubiera salido en el pasado. Siempre había salido con chicas de pelo más oscuro, y aún personajes más oscuros. Me di cuenta de que Andrea era diferente a cualquier otra chica que hubiera conocido. Tenía una bondad que brillaba. Literalmente. Podía verlo.

Hablamos y nos reímos mucho. Antes de que me diera cuenta, el sol se estaba poniendo y nos dirigíamos al boliche.

Andrea subió al asiento del copiloto del coche de Leslee. Los hombres a los que había oído hablar eran el hermano de Leslee y cinco de sus amigos; todos juntos se amontonaron en una camioneta. Yo conduje mi coche. Quería estar solo para pensar en lo que sentía. No entendía lo que estaba pasando. Sentía vibrar mi ser cada vez que estaba cerca de ella, como si nuestros espíritus resonaran el uno con el otro. Me asustaba y me fascinaba a la vez.

Cinco personas más se reunieron con nosotros en el boliche: otros tres amigos del hermano de Leslee, y mi hermano y su compañero de piso. El boliche estaba abarrotado, así que, para mi decepción, Andrea estaba jugando en una pista alejada de la mía. Me di cuenta de que ya no veía su brillo radiante con mis ojos físicos, pero podía sentirlo cada vez que la miraba. No era mi estilo habitual seguirle la pista a una chica, pero con Andrea no podía resistirme. No sé de qué otra forma describirlo, aparte de que ella tenía una atracción espiritualmente dulce como nadie que yo hubiera conocido. Reconocí que tenía una inocencia pura y preciosa que venía de Dios.

Me di cuenta de que todos sus amigos la llamaban Ange.

"¿Por qué todo el mundo la llama Ange?", pregunté. "Creí que se llamaba Andrea".

"Es cierto. Es tan angelical todo el tiempo que empezamos a llamarla Angel, Ange para abreviar".

La partida de Andrea terminó primero y se dirigió a la sala de juegos recreativos. La alcancé en cuanto terminó mi partida y le dije: "Ha sido un placer conocerte esta noche. ¿Puedo llamarte algún día?".

Ella dudó. "¿Por qué no me das tu número, y tal vez te llame".

Era lo mejor que iba a conseguir, así que le di mi número de teléfono. Era tarde y tenía que madrugar para ir a trabajar. La casa de mis padres estaba cerca y tenían una habitación libre que podía usar, así que decidí dormir allí en vez de conducir hasta casa.

Mientras conducía, reflexioné sobre la luz tan real que veía emanar de ella. Sabía que Andrea era diferente y muy especial. Y a pesar de mis persistentes pensamientos de que todavía quería volver al otro mundo, me pregunté si ella podría ser la luz que me sacara de la oscuridad en la que estaba perdido.

Llamé a Leslee a la mañana siguiente para ver si quería que volviéramos a quedar esa tarde. Así fue, y se trajo a Andrea. Leslee no se quedó mucho tiempo; dijo que tenía que hacer un encargo pero que volvería en media hora. Estuvo fuera más de tres horas, lo que nos dio a Andrea y a mí la oportunidad de conocernos mejor.

Andrea parecía dispuesta a hablar de cualquier cosa, y nuestras conversaciones abarcaron desde las estrellas fugaces hasta la física cuántica, los misterios de la vida y un sinfín de temas más. Lo más importante es que me sentía diferente a su lado. Despertó una nueva energía en mí.

Unos días después, Andrea y yo almorzamos juntos. La camarera que nos sirvió las bebidas y los aperitivos nos dijo: "Me encanta ver matrimonios felices. ¿Cuánto tiempo llevan casados?".

Ambos nos sorprendimos. Le contesté: "En realidad acabamos de conocernos".

"¿De verdad? Juraría que estaban casados".

Era una pregunta que nos acostumbramos a oír.

Andrea me llamó el sábado por la mañana.

"Oye, me preguntaba si querías venir conmigo y mi familia a dar de comer a los patos en el lago Utah".

Me esforcé por contener mi emoción. "¿A qué hora?".

"Mi hermana y yo te recogeremos en una hora".

Andrea y su hermana menor, Chelsie, me recogieron y nos dirigimos al lugar donde el río Provo desemboca en el lago Utah. Allí nos encontraron su padre, su hermana Kim, de quince años, y su hermano Jacob, de doce.

Ese día no interactué mucho con su papá, que estaba distraído con los dos hermanos menores. Chelsie, sin embargo, se quedó cerca y parecía tener mucha curiosidad en cuanto a mí. Yo no lo sabía entonces, pero cuando Andrea llegó a casa el miércoles por la noche, despertó a Chelsie y se pasó dos horas contándole nuestra noche juntos.

Mientras los tres estábamos en la orilla echando comida a los ruidosos patos, pasó una mujer. Nos dijo: "Hacen una pareja preciosa. ¿Cuánto tiempo llevan casados?".

Andrea y yo solo nos miramos el uno al otro. Chelsie rompió el incómodo silencio con una carcajada y dijo: "Oh, no. Sólo somos amigos".

Todos nos reímos con ella, pero la señora parecía confusa. Sacudió la cabeza como si tratara de averiguar qué la había impulsado a hacer esa pregunta.

Andrea y yo nos veíamos casi todos los días. Mi madre estaba contenta de que nos viéramos tanto, pero la familia de Andrea estaba mucho menos entusiasmada. Sus padres habían preguntado por ahí y se habían enterado de que yo tenía fama de chico malo, que había "vivido una vida alocada" y que había pasado de una novia a otra. Como es lógico, estaban preocupados.

Andrea, por supuesto, había oído las mismas historias. Aunque reconocía la energía positiva que sentía cuando estábamos juntos, también le preocupaba que yo simplemente buscara otra conquista. Aun así, seguimos acercándonos.

Sentía en lo más profundo de mi ser que Dios nos había unido y que había algo especial en nuestra conexión. El mismo día que dimos de comer a los patos en el lago Utah, estaba haciendo mi revisión nocturna con Dios, y le pregunté: "¿Debo casarme con Andrea?".

Sentí un rotundo "*Sí*. Por fin lo estás viendo", procedente de lo que parecía un coro de mis guías y reforzado por mi propia intuición.

Aún dudando de mí mismo, volví a preguntar y recibí una respuesta aún más poderosa. Pregunté una tercera vez y sentí que me inundaba una oleada de paz. Seguía preocupado porque no sabía cómo iba a funcionar todo esto, o cómo debería suceder, pero al mismo tiempo me sentí aliviado. La respuesta explicaba la resonancia entre nosotros y la fuerza de nuestra floreciente relación. Aquella noche, me acosté en la cama y me fui directamente a dormir.

A la mañana siguiente, Andrea y yo asistimos a una reunión familiar en la cabaña de mis padres, en la bifurcación sur del Cañón de Provo. Sería la primera vez que ella conocería a mis padres. Durante el trayecto, ambos permanecimos en un silencio inusual, ya que la respuesta que había recibido la noche anterior pesaba mucho en mi mente. Deseaba desesperadamente conversarlo con ella, pero tenía miedo de lo que pudiera pasar.

Tuve la fuerte impresión de que Andrea había hecho la misma pregunta la noche anterior y había recibido la misma respuesta. Se me había dicho que tenía que tener el valor de tratar el tema para que la energía entre nosotros volviera a la normalidad.

Le pregunté: "¿Por casualidad oraste por algo importante anoche?".

Andrea se volvió para mirarme. Podía oír la aprensión en su voz. "Sí. ¿Tú también?".

Les pregunté a mis guías: *¿Cómo le digo que debemos casarnos?*

"*Sólo hazlo*", llegó la respuesta.

"Oré por algo muy importante", dije. "Pregunté tres veces para estar seguro".

"¿Qué preguntaste en tu oración?", me preguntó.

Respiré hondo y dije: "He orado para saber si debemos casarnos".

Sus ojos se abrieron de par en par. "¿Cuál fue la respuesta?".

"Que debemos casarnos".

"Es como si me leyeras la mente", dijo. "Anoche también oré tres veces y pregunté si debía casarme contigo. Obtuve la misma respuesta". La tensión entre nosotros se evaporó.

Llegamos a la cabaña. No estábamos preparados para anunciar el compromiso, pero mi madre ya lo sabía. Más tarde me dijo que había sabido a dónde iba esto la primera vez que le hablé de Andrea.

Andrea me mostró lo bien que alguien podía conectarse con la luz espiritual y estar en sintonía con las frecuencias superiores. Yo tuve que morir para saber lo que se siente percibir la presencia de Dios, pero para ella fue algo natural.

Además de ayudarme a atravesar la oscuridad de la reentrada en el mundo mortal, Andrea abrió mi corazón a una experiencia mortal más rica y realizada. Me mostró el mundo a través de sus ojos, aportando pureza y asombro a mi vida. Con ella, me di cuenta de que había estado dejando pasar la felicidad cada día.

Andrea me ayudó a elevar mi vida de otras maneras. Mis estándares de lenguaje y entretenimiento eran bastante bajos, influidos por mi carrera en la construcción y la gente con la que trabajaba. Incluso después de mi experiencia, aún me quedaba mucho por crecer para reformar mis viejos hábitos terrenales.

Un día, le pregunté si quería ir al cine a ver conmigo una película recién estrenada.

"¿Qué contiene?", preguntó.

"¿Qué quieres decir?".

"¿Como cuánta violencia? ¿Hay escenas de sexo? ¿Y el tipo de lenguaje que utilizan?".

"No lo sé. Sólo he oído que es muy buena".

Puso las manos en las caderas. "Vinney, me has estado enseñando a comer mejor y a prestar más atención a lo que meto en mi cuerpo, ¿verdad? ¿Qué pasaría si fuéramos a un buffet y empezara a poner un poco de todo en mi plato?".

"Diría que te sentirías mejor si tuvieras más cuidado con lo que comes".

"¿No pasa lo mismo con lo que pones en tu mente?".

Casi podía sentir a Drake diciéndome: "¿Ves? De eso hablábamos".

Ésa fue sólo una de las muchas maneras en que me inspiró y animó a elevar mi frecuencia. Su ejemplo y su influencia me inspiraron a ser mejor.

Sobre todo, Andrea me ayudó a comprender que la familia es lo más importante de la vida. Llegué a saber que mi propia familia era algo que debía apreciar, y que la manera de compartir y desarrollar ese amor era pasar tiempo con ellos. En mi vida anterior, cada vez que mi familia se reunía, yo siempre encontraba algo "más importante" que hacer. La familia, incluida la mía, era tan prioritaria para Andrea que se convirtió en una prioridad para mí. Fue este nuevo aprecio por la familia lo que condujo al acontecimiento que me confirmó de una vez por todas que lo que había vivido al otro lado había sucedido de verdad.

Capítulo 19

EL PODER DE LA FAMILIA

La familia de mi padre celebraba periódicamente una reunión de verano en un pueblecito llamado Afton, en la escarpada región de Star Valley, en la región oeste de Wyoming. Es el tipo de cosa a la que normalmente habría estado "demasiado ocupado" para ir antes, y no había ido en más de una década, pero este año, debido a la influencia de Andrea, decidí ir. Me ayudó que Andrea pudiera acompañarme.

No recuerdo haberme divertido más en una reunión. Aproveché cualquier oportunidad para presentar a mi novia a todos mis parientes. Durante todo el día, nos preguntaban todos si íbamos a ir al espectáculo esa noche.

Se trataba de un espectáculo sobre la historia de Star Valley organizado por la escuela secundaria local. Los antepasados de mi padre fueron de los primeros colonos de la zona en la década de 1880, así que parecía una forma interesante de pasar la tarde.

El club de teatro de la escuela secundaria había convertido el campo de fútbol en un teatro al aire libre, con una pantalla de cine y un escenario de madera.

La participación fue buena para un pueblo tan pequeño, sobre todo porque era la segunda noche de representación. La mayoría de los cerca de cuatrocientos asistentes se agrupaban en la mitad inferior de las gradas. A mí me seguían dando claustrofobia las multitudes, así que encontramos un sitio libre cerca de la parte superior, directamente en frente de la pantalla de cine.

Aunque era julio, el aire se volvió frío en cuanto desapareció el sol. Durante la representación, los niños, adolescentes y adultos de la zona contaron la historia de Star Valley cantando, bailando y haciendo representaciones. Alternaban actuaciones en el escenario con imágenes en la pantalla, mostrando la rica historia de la zona y el papel de mi familia en ella.

Los organizadores de la exposición habían reunido fotografías históricas de la colonización temprana, y compartieron cartas y anotaciones de diarios de la época, enseñando sobre los primeros colonos de la zona y las dificultades a las que se enfrentaron al trabajar para forjar un pueblo en el terreno desierto. Compartieron historias de las personas que fundaron Afton, la mayoría de las cuales formaban parte de la comunidad religiosa local.

A medida que avanzaba la noche, y la temperatura seguía bajando, mi interés se desvanecía, así que cuando Andrea dijo: "Tengo mucho frío", le dije: "Vámonos".

Cuando me levanté para irme, Andrea no se movió. Parecía absorta en una imagen de la pantalla.

"¿Cambiaste de opinión?", le pregunté.

Se volvió hacia mí, con los ojos muy abiertos. "Vinney, ¿es ese tu guía?".

Me volví para ver una fotografía en blanco y negro de uno de los colonos proyectada en la pantalla. Sentí como si me hubieran echado una jarra de agua helada por la espalda. Era Drake.

"Es él, ¿verdad?". Era un ejemplo más de cómo Andrea vivía en sintonía con las frecuencias superiores.

Me quedé allí de pie mientras las lágrimas rodaban por mis mejillas. Era él; sus ojos penetrantes eran inconfundibles. La barba que llevaba como mi guía era más limpia en los extremos, y un poco más larga, y su cabello estaba peinado hacia atrás en la foto, no suelto como cuando le conocí. Parecía mucho más viejo en la foto que cuando lo conocí en espíritu, pero sabía que era él. Todo coincidía.

Todo menos su nombre. Debajo de la imagen del hombre estaba escrito el nombre "Chrs. D. Cazier".

"Es él", dije finalmente.

Andrea me pidió que le contara más cosas sobre mi experiencia con Drake en el viaje de vuelta al hotel, pero yo estaba demasiado conmocionado para hablar. Volver a ver a Drake abrió una compuerta de emociones para la que no estaba preparado. Un torrente de pensamientos y sentimientos se agitaron dentro de mí cuando los dos mundos dentro de mi cabeza chocaron.

Me di cuenta de que, hasta ese momento, había racionalizado hasta cierto punto mi experiencia en el otro lado como una ilusión. Incluso había considerado que la explicación del psicólogo era correcta, que lo que creía ver era sólo mi cerebro rellenando los huecos por falta de oxígeno.

Tenía una gran razón para no querer creer lo que había experimentado. Aceptar la realidad del otro mundo significaría que tendría que cambiar mi forma de ver no sólo el mundo, sino a mí mismo y a todos los demás.

Significaba que tendría que cambiar radicalmente mi forma de vivir y, si hay algo a lo que los humanos nos resistimos, es al cambio; por eso dedicamos mucho más tiempo y esfuerzo a confirmar lo que ya creemos que a buscar la verdad.

Pero mi cerebro no podía haber inventado el nombre y el rostro de un hombre que había vivido hacía más de un siglo, un hombre que, hasta aquella noche, ni siquiera sabía que existía. Ya no podía esconderme tras la plausible negación de que Drake y lo que me mostraba no eran más que invenciones de un cerebro falto de oxígeno.

Mi experiencia había sido real y ya no podía negarlo. Sin embargo, había algo que me desconcertaba. Reconocía el apellido Cazier como el apellido de soltera de mi abuela, y "Chrs" era una abreviatura de Charles. Pero mi guía se había presentado como Drake.

Al día siguiente, Andrea y yo nos acercamos a mi abuela.

"Abuela", le pregunté, "¿conociste a un tal Charles Cazier?".

"Por supuesto", dijo ella. "Él es el bisabuelo Drake".

"¿Se le conocía como Drake?".

"Así le llamaba todo el mundo".

La emoción volvió a embargarme. Drake era mi tatarabuelo.

Capítulo 20

LA ABUELA DONA

Andrea y yo nos casamos un mes después. Unos meses antes, mi empresa había presentado una oferta para un proyecto para construir el marco de madera de una casa a la medida en Alaska y, dos semanas después de nuestra boda, mi jefe y yo nos fuimos a Fairbanks (Alaska) para cumplir ese contrato de un mes. Cuando llegamos, el contratista general nos pidió que hiciéramos lo mismo con una segunda casa, lo que alargó el trabajo a dos meses. Trabajamos más de diez horas al día, seis días a la semana.

No había cobertura de celular en la zona, así que al final del día hablaba con Andrea en un teléfono público que había fuera del hotel. Nuestras conversaciones duraban todo lo que podía soportar estar fuera en las frías tardes de Alaska, normalmente entre treinta minutos y una hora. Nuestras pláticas amenizaban la monotonía de mis largos días. A pesar de la distancia, cada vez estábamos más unidos.

Estar lejos de Andrea fue una lucha enorme. Una vez más, me sentí aislado del amor incondicional y separado de la alegría. Estaba lejos de donde quería estar, atrapado en un lugar remoto y frío, trabajando duro cada día y luchando por mantener el ánimo. En cierto modo, me sentía como si volviera otra vez de entre los muertos.

Por mucho que deseaba que Andrea estuviera conmigo, todas las vías que exploramos para que se reuniera conmigo en Alaska llevaron a un callejón sin salida. Aunque en aquel momento fue doloroso, el tiempo que pasamos separados nos enseñó lo importantes que éramos el uno para el otro y nos ayudó a asegurarnos de que los pequeños problemas de la vida no se interpusieran en nuestra relación.

Estaba ansioso por volver a casa, y las tres últimas semanas del proyecto trabajamos doce horas diarias, siete días a la semana. Me faltaba una semana cuando Andrea me dijo que mi padre quería hablar de algo conmigo. Concertamos una hora para hablar.

"¿Qué tal Alaska?", preguntó. "Me encantó la pesca cuando estuve allí. ¿Te gusta la pesca?".

"No hay tiempo para pescar", dije. "He estado trabajando todo el tiempo".

"Qué pena. Intenta pescar un poco mientras estás ahí".

Todavía me preguntaba por qué había llamado. "¿Va todo bien?".

"Estamos bien", dijo. "Pero la abuela está luchando. Su salud empieza a decaer. Está cansada de vivir con tu tío y se está volviendo muy obstinada. Quiere volver a casa, a Afton, pero allí se quedaría sola. Tu madre y yo estamos preguntando a ver si alguien podría ir a ayudarla a vivir los últimos meses de su vida. ¿Estarían tú y Andrea dispuestos a quedarse con ella? Sé que es mucho pedir, pero le permitiría volver a casa".

Sí, era mucho pedir. Finalmente, dije: "Ya casi he terminado aquí y volveré pronto a casa. Hablaré de ello con Andrea".

"Te lo agradezco. Gracias, hijo".

"Claro que sí. Te quiero, papá".

"Yo también te quiero".

Inmediatamente llamé a Andrea y le conté mi conversación con mi padre. Decidimos orar para pedir consejo. Cuando lo hicimos, ambos nos sentimos guiados a vivir con mi abuela en Star Valley durante el tiempo que nos necesitaran allí.

Regresé a Utah a mediados de octubre. Andrea y yo pasamos una semana empacando nuestras pocas pertenencias y luego condujimos cuatro horas hacia el norte, hasta Afton, unos días antes de Halloween.

La casa de la abuela Dona era tal como la recordaba. La casa de ladrillo de dos plantas y dos mil pies cuadrados tenía cuatro recámaras y no tenía sótano. Se había construido en la década de 1950 y era donde la abuela había vivido durante casi toda su vida de casada.

Entramos con nuestras pertenencias y nos instalamos. La casa tenía un aire de cabaña; los cuartos de la planta baja estaban revestidos de paneles de madera. La alfombra era de pelo marrón de los años setenta, con parches claros y oscuros. Se calentaba con una estufa de petróleo que estaba en el mismo lugar que la estufa de leña a la que había sustituido décadas atrás.

Mi abuela tenía más de ochenta años cuando nos mudamos. Sonreía con facilidad, y su cara estaba enmarcada por una larga cabellera blanca peinada al estilo rulo. Su vestuario consistía casi por completo en camisas abotonadas y pantalones de poliéster de los años setenta, con vestidos para los domingos. Siempre llevaba bata en casa y se arreglaba para ir al supermercado. Tenía una voz amable y calmada, y decía "Caramba" por cualquier cosa. Le costaba pronunciar las palabras "te quiero", pero lo demostraba con sus acciones, normalmente horneando. Era famosa por su sopa de pollo con fideos y sus galletas.

Andrea ayudaba a la abuela con las tareas que ya no podía hacer por sí misma. Eso incluía cocinar, limpiar, vestirse y ducharse. Rápidamente encontré un trabajo en la construcción, y entre los viajes a las obras y el trabajo en sí, a menudo estaba fuera más de doce horas al día. Pero siempre cenábamos juntos. Esas veladas que pasábamos juntos son recuerdos preciados.

Al crecer, siempre pensé en mi abuela como una figura autoritaria y estricta. Siempre estaba detrás de nosotros para que hiciéramos lo que debíamos: quitarnos los zapatos en casa, lavarnos las manos, comernos todo lo que había en el plato y ayudar al abuelo con sus tareas. Sin embargo, al vivir ahora con ella, pude ver un lado diferente de su personalidad. Me enteré de que había tenido una vida llena de aspiraciones y logros.

Era gemela idéntica, y ella y su hermana, Dora, habían sido mejores amigas y habían hecho todo juntas toda su vida. Nacieron en 1918, tres meses después de que su padre se marchara a luchar a las trincheras de Bélgica y Francia en la Primera Guerra Mundial.

"Papá estaba en una trinchera en el frente y se le aparecieron dos caras. Seis meses después se enteró de que habían nacido dos niñas redondas y saltarinas".

La abuela y Dora crecieron en una granja de Star Valley sin

cañería interior, electricidad ni teléfono. Asistieron a la escuela secundaria de Star Valley, donde compartieron un papel en la representación escolar de *Huckleberry Finn*, turnándose en cada acto. Se reía de lo mucho que se divertían como gemelas y nos contaba cómo engañaban a menudo a sus novios.

Dona y Dora aparecieron en un comercial de la televisión local, como portavoces de una empresa local de cortacéspedes. La abuela también trabajaba como telefonista, pero el trabajo la ponía tan nerviosa que tuvo que dejarlo.

También trabajó en una ferretería, una tienda de ropa y una tienda de regalos. Su trabajo favorito era en la cremería Star Valley, donde envolvía cuadrados de mantequilla, cuatro cuadrados por libra.

Pasábamos casi todas las noches conversando. Le encantaba la oportunidad que le dábamos de compartir con alguien las historias de su vida.

Un mes después de mudarnos, murió la hermana gemela de la abuela. La abuela entonces se deprimió mucho y su salud empeoró rápidamente. Le dolía la espalda y empezó a perder sensibilidad en las piernas. Pasaba la mayor parte del día sentada en su silla reclinable. Andrea la ayudaba a bañarse e ir al baño y le masajeaba las piernas todos los días. Además, se encargaba de limpiar y cocinar. Era difícil conseguir que la abuela comiera y había que convencerla constantemente. A menudo pedía ayuda a Andrea durante la noche.

La abuela sintió como si hubiera perdido parte de sí misma cuando murió su hermana gemela y luchó por sobrellevar su muerte. Pensé que contar mi propia experiencia con la muerte podría ayudarla a encontrar la paz.

Una noche, después de cenar, le dije: "Sabes, abuela, morí y me trajeron de vuelta".

"Me he enterado", dijo.

"¿Quieres saber más sobre eso?".

Agitó la mano en el aire. "No, es una tontería". Yo quería contarle más de todos modos, pero el Espíritu siempre me decía que no.

Pasaron las semanas. Pasamos juntos el Día de Acción de Gracias y nos preparamos para la Navidad. Andrea se mantuvo ocupada haciendo todas las cosas que la abuela habría hecho si hubiera podido. Acción de Gracias significó preparar una comida completa de pavo, papas, camotes y todo lo demás de una cena tradicional de Acción de Gracias, aunque los únicos invitados eran mi madre y mi tía Dawnette.

Pasamos días enteros cocinando golosinas para los vecinos. Yo preparé el árbol y Andrea lo decoró con adornos que la abuela había coleccionado durante décadas. Cada adorno tenía su sitio en el árbol y había que colocarlo en la posición correcta.

La abuela era muy exigente con la limpieza, así que cuando Andrea no estaba cocinando o atendiendo a las necesidades de la abuela, se pasaba el día limpiando y organizando, dirigida por la abuela desde su silla en el salón. Una de sus tareas consistía en revisar un conjunto de archivadores, tirando papeles viejos que ya no importaban.

La abuela tenía la costumbre de guardar recortes de periódico con historias de gente que conocía y había recopilado toda una vida de historias del periódico de Afton, Wyoming. En la pequeña comunidad agrícola, todo el mundo se conocía. Cada vez que se anunciaba un nacimiento, una muerte o una graduación, ella lo guardaba. Los rodeos eran fundamentales en la vida agrícola y rural de Afton, y el abuelo había sido campeón de carreras de carros, en las que un par de caballos tiran de un pequeño carro alrededor de una pista. También guardaba las noticias sobre los campeones de la feria estatal anual, las victorias en los rodeos y otros temas de interés de la vida en el campo.

Unos días antes de la Navidad, mientras Andrea vaciaba otro cajón, descubrió una vieja carpeta de piel sintética granate llena de carpetas y fundas de documentos. Mientras hojeaba las viejas páginas, uno de los documentos le llamó la atención. Era la transcripción de una bendición dada a uno de los primeros colonos del valle, Charles Drake Cazier. Había sido llamado por los líderes de la iglesia para supervisar el liderazgo de varias congregaciones del valle. Drake no se sentía lo suficientemente calificado o capaz para tanta responsabilidad y había pedido consejo a otro líder local al que llamaban "patriarca", alguien encargado de dar bendiciones inspiradas a la gente de esa misma zona.

Andrea me enseñó el papel en cuanto llegué a casa. La bendición decía que Drake iba a ser un guía, o escolta, para los de su sangre, así como para otros que necesitaran su amor y ayuda en la transición de esta vida a la otra.

He aquí otra notable confirmación sobre mi guía, Drake. Qué guía tan maravilloso había sido. Nunca sentí en él ni un atisbo de juicio, ni un solo pensamiento malicioso, ni un solo sentimiento negativo. Lo habría sentido si lo hubiera tenido. Todo lo que expresó, todo lo que sentí de él, fue amor puro, incondicional e inequívoco.

Me hacía ilusión compartir la bendición y mi experiencia con mi abuela. Esperé a que llegara un día en que ella estuviera de buen humor. El día de Navidad fue un día feliz para todos, lleno de visitas de amigos y familiares. Aquella noche, después de que el alboroto se hubiera calmado y nuestros visitantes estuvieran ocupados en otras partes de la casa, Andrea y yo nos sentamos con mi abuela. Le enseñé la bendición de Drake y le expliqué que había sido mi guía. Le conté todas las cosas maravillosas que me había enseñado.

Cuando terminé, la abuela se quedó en silencio mirando a lo lejos. Luego se sinceró y nos contó que estaba preocupada por un familiar suyo. Quería mucho a esa persona, pero había tenido una vida dura y había tomado algunas decisiones que hacían pensar que estaba destinada a lo que tradicionalmente consideramos el infierno. Estaba profunda y amargamente preocupada por el futuro de esa persona a la que tanto quería.

"Abuela", le expliqué, "este gran experimento humano *es* el infierno. Pero no es nuestro destino final. La vida aquí es sólo un campo de entrenamiento. Al otro lado, los peores nos hacemos buenos, y los buenos, mejores. Todos crecemos y progresamos tanto y tan rápido como somos capaces".

Nos sentamos juntos en silencio mientras ella reflexionaba sobre lo que yo había compartido con ella. Todavía tenía una pregunta ardiendo dentro de mí y, tras esperar varios minutos, le pregunté: "¿Hay algo que puedas contarme sobre Drake? ¿Cualquier cosa en absoluto?".

La abuela rebuscó en sus primeros recuerdos. "Le conocí cuando era pequeña. Muy pequeña. Pero aún recuerdo que siempre que me abrazaba, me miraba a los ojos. Siempre sentí que esos ojos azules podían ver dentro de mi alma".

Sabía exactamente a qué se refería. Yo también lo había experimentado, precisamente así.

Fue la tercera confirmación de que mi estancia en el mundo más allá del nuestro era real. La primera fue ver la foto de Drake. La segunda fue la bendición que él había recibido. Y ahora aquí, mi abuela, que lo había conocido en esta vida, lo describió tal y como yo lo había experimentado en la siguiente.

A mi abuela le llevó un tiempo procesar lo que le expliqué sobre el juicio y la otra vida, que Dios no nos abandonará a ninguno de nosotros, nunca, pero finalmente pudo aceptar la idea de que Dios tenía un camino especial para su familiar, y que iba a estar bien pasara lo que pasara. Una vez que aceptó esa verdad, vimos un cambio en ella, tanto emocional como físico. Con el tiempo, dejó de dolerle la espalda y empezó a recuperar la sensibilidad en las piernas.

Capítulo 21

MI VIDA DESPUÉS DE
LA MUERTE

La abuela Dona pasó al otro mundo en febrero, poco más de un año después de que yo volviera de allí. Su muerte marcó el comienzo de un nuevo capítulo para Andrea y para mí, cuando salimos de Afton para iniciar nuestra propia vida.

Por supuesto, aún me quedaba mucho por crecer, con muchas cosas duras por las que pasar y mucho que aprender, pero vivo mi vida de forma diferente a como lo hacía antes. Sigo esforzándome por ser consciente de las necesidades de los demás y ayudar a quienes puedo. Como me esfuerzo por abrirme a las impresiones espirituales, me he vuelto hiperconsciente de lo que ocurre a mi alrededor.

Cada persona percibe las impresiones espirituales de forma diferente. Para mí, son como una onda de energía que transporta información. Cuando examino cuidadosamente esa información, puedo reconocer la necesidad de alguien y recibir orientación del otro lado sobre cómo poner de mi parte para satisfacerla. A veces, se trata de una necesidad física. A veces, le doy a alguien lo que parece ser un consejo al azar, aunque para mí no tenga sentido.

Un caluroso día de verano, un amigo y yo íbamos en auto a comer a una cafetería local. Vi a un vagabundo caminando por la calle. Intuí que estaba cansado y hambriento y vi que en unos minutos pasaría por delante de la cafetería a la que íbamos.

Envié mis pensamientos a los guías del hombre y pregunté: "¿Va al mismo café que nosotros?".

Sentí la respuesta: "No, va a seguir pasando de largo".

"¿Puedes instarle a que entre? Es un día caluroso y puede refrescarse un momento".

"Sí".

Mi amigo y yo entramos en la cafetería y pedimos nuestra comida. Yo pedí un almuerzo extra.

"Debes de tener mucha hambre", dijo mi amigo.

Le sonreí. "Ya verás".

Cuando la comida estuvo lista, puse la mía en la mesa y llevé la bandeja con la comida sobrante a la máquina de bebidas. Llené mi vaso y luego otra para el vagabundo.

Cuando terminé de llenar la segunda bebida, el vagabundo entró por la puerta principal y se sentó en una mesa. Me acerqué a él, le puse la bandeja delante y le dije: "Aquí tiene su comida". Respondí a su mirada perpleja con una sonrisa y volví a mi mesa, donde mi amigo estaba sentado con los ojos muy abiertos, sorprendido por lo que acababa de ocurrir.

Por increíble que pueda parecer esa experiencia, simplemente fui informado de una necesidad y actué para satisfacerla.

He aprendido que cuanto más conscientes somos de las necesidades de los que nos rodean, más felices somos y menos necesidades sentimos por nosotros mismos. Nuestro Creador nos ha diseñado para que disfrutemos ayudando a los demás. Tanto si somos nosotros los que ayudamos como si somos los que recibimos la ayuda, nos vitaliza experimentar cómo las creaciones de Dios se sirven mutuamente. No puede ser de otro modo.

Personalmente, sigo trabajando para dominar los principios que Drake me enseñó. Cada día me esfuerzo por vivir al margen de mis propias necesidades y ayudar al menos a algunas personas. La mayoría de los días tengo éxito, pero no siempre. Es un proceso.

También he aprendido a vivir la vida con pasión y a amar con pasión. Donde encuentres verdadera pasión, encontrarás almas que están cumpliendo su misión en la vida. La pasión divina es lo que nos impulsa a aprender, a crecer y a construir. La pasión divina es lo que fomenta la creación en las relaciones, en las carreras, en nosotros mismos. La pasión divina es lo que crea el amor. Cuando alguien tiene ese tipo de fuego en su interior, su vida se ilumina como una hoguera en una noche oscura. Cuando añaden el amor de Dios, esa hoguera irradia un calor que reconforta a los demás en las frías noches de la vida.

La pasión de Dios construyó el universo. Fue Su amor apasionado por nosotros lo que construyó el cosmos. Es la pasión la que crea. Es Su amor apasionado el que nos conoce a todos y cada uno de nosotros. Es Su amor apasionado el que te conoce personalmente, individualmente. Él conoce cada uno de tus pensamientos. Él sabe todo lo que alguna vez has querido, deseado o hecho.

No tienes que temer que Él lo sepa. Dios es un padre de amor absoluto. Él sabe por qué cometes errores. Lo sabe incluso antes de que los cometas. Pero también conoce tu potencial. Sabe lo que puedes llegar a ser, y anhela que desarrolles ese potencial, que crezcas en él y llegues a ser todo lo que puedes ser.

Te reto a que aproveches la oportunidad de hacer crecer tu alma cada día, a que no desperdicies ningún día.

Te imploro que tengas cuidado con las influencias perjudiciales para tu cuerpo y tu espíritu. Evita ingerir cosas que emboten tu sensibilidad a las cosas espirituales, ya sean físicas, mentales, emocionales o espirituales. Protégete de programas, películas y otros medios de comunicación y actividades que depriman tu espíritu. Desconéctate de la tecnología que te distrae y te controla, ya sea un teléfono, una computadora o cualquier otra tecnología que controle tu vida. Si no eres cuidadoso e intencional al respecto, la tecnología puede convertirte en un robot vagando por la vida sin la influencia espiritual que Él quería.

Busca el bien. Llena tu vida de buena comida, buenos medios de comunicación y buenos amigos. Enriquece tu vida y engrandece tu alma.

Si eres escéptico sobre la existencia de un lado espiritual de nuestra existencia —incluso si no lo crees en absoluto—, te reto a que lo pongas a prueba. Empieza por mantener la gratitud en tu corazón y busca respuestas a tus preguntas. Puede que te lleve tiempo aprender cómo te llegan la guía y las respuestas, pero sigue intentándolo. Esfuérzate por desarrollar una mayor conciencia de las impresiones, de los pensamientos que te llegan y de las buenas ideas que pueden mejorar tu vida. A medida que practiques y te esfuerces por comunicar, te prometo que Su universo te responderá.

A medida que te extiendas hacia fuera y hacia arriba, descubrirás verdades en tu propia vida. Encontrarás una dirección amorosa que viene directamente de Dios. También descubrirás que ya formas parte de una comunidad espiritual, una gran familia de seres iluminados. A medida que te conectes con la luz de Dios, empezarás a reconocer esa luz a tu alrededor. Empezarás a preguntarte cómo no la habías visto. Realmente sentirás y reconocerás la presencia de Dios, la presencia que vi y sentí, que olí y saboreé en el pasto y los árboles y las flores del cielo.

He visto esa luz provenir de mis hermanos y hermanas de todos los colores, todas las culturas, todas las razas, todos los estilos de vida, todas las religiones. Cuando encuentro a otra persona de mi tribu espiritual, la tribu de Dios, es cuando experimento mis momentos más felices. Es ese amor el que me cambió para siempre, y puede cambiarte a ti también.

Ahora soy padre. Andrea y yo hemos enseñado estos principios a nuestra hija desde que era pequeña. Ahora que está entrando en la adolescencia, la luz le resulta familiar. A veces nos menciona cuando nota su presencia o su ausencia en los demás. Nos lo cuenta cuando va a casa de una amiga y no hay la misma energía de amor que siente en casa. No dejo de recordarle que todo lo que ve, lee o escucha lo convierte en parte de sí misma. En todo, tenemos cuidado de guiarla con amor. El amor persuade mucho más que la autoridad o la ira. Ella es la prueba de que vivir estos principios puede ayudarnos a conocer la luz. Ella comprende la luz y vive en la luz.

Mi esperanza es que compartir lo que aprendí en el "otro lado" ayudará a construir la luz en ti, y en otras personas a las que pueda tocar, para difundir la luz de Dios en todo el mundo, a través de todas las culturas, a través de todas las religiones, a cualquiera que esté listo para este mensaje de amor y luz.

Hay más en mi historia. Se me permitió ver algunas cosas asombrosas que van a suceder en el futuro. No son cosas que den miedo. Son cosas gloriosas. Hay razón para la esperanza.

Lo más importante es que sepas que Dios te ama. Él te conoce personalmente, y te ama personalmente. Él conoce cada pensamiento amoroso y hermoso que has tenido. También conoce cada pensamiento y acción oscuros. Su luz y amor son suficientes para lavarlos. La oscuridad no puede existir en Su luz. Deja ir el juicio, tanto de ti mismo como de los demás.

Dios ama a todas sus creaciones y nos tiende la mano constantemente. A todos nosotros. La palabra "todos" es difícil de comprender para nuestras mentes finitas, pero es verdad. Tú eres parte de Su todo. Merece la pena repetirlo. *Eres parte de Su todo.* Él te ama, tal como eres, conociendo tu potencial como sólo Él puede hacerlo.

Dios es amor. Depende de nosotros abrazarlo.

¿LISTO PARA MÁS?

Ahora que has aprendido los diez principios que Drake enseñó a Vincent, estás listo para *Living the Light* (Vivir la Luz), una guía de actividades para ayudarte a vivir los diez principios y aumentar la luz y el amor en tu vida.

Descubre cómo obtener tu ejemplar de *Living the Light* en **TheLightAfterDeath.com**

También puedes visitar ese sitio para obtener contenidos adicionales:

- La perspectiva de Andrea Tolman sobre su encuentro con Vincent

- Fotos de Vincent, Drake y la abuela Dona

- Otros ejemplos de cómo la hija de Vincent y Andrea escucha la guía espiritual

También te invitamos a unirte a *Living God's Light*, una comunidad global creada para aumentar la luz en tu vida y ayudar a difundir la luz de Dios en el mundo.

LivingGodsLight.com

AGRADECIMIENTOS

Crear un libro es un trabajo de equipo. Los autores están profundamente agradecidos a las innumerables personas que han prestado su apoyo y aliento a lo largo de este proceso. Queremos dar las gracias en particular a algunos de ellos:

Richard Paul Evans, nuestro mentor, querido amigo y hermano en la Luz de Dios.

Diane Glad, por compartir libremente sus muchos dones, especialmente los preciosos dones del entusiasmo y el optimismo.

Alan Smith, por transcribir el audio de la experiencia de Vinney, y por sus constantes consejos, ánimo y perspectivas que hicieron avanzar este proyecto.

Sydny Miner, extraordinaria editora, cuyas perspectivas y preguntas aclararon los detalles confusos y realzaron todo el libro.

Lola Taylor, nuestra maga de la Web con la creatividad de Edison y la paciencia de Job.

Drake, guía de Vinney en este lado y en el otro, y guía de Lynn en la elaboración del libro.

Además, Vinney desea expresar su reconocimiento:

Mi increíble mejor amiga y esposa, Andrea Tolman, y mis dos increíbles hijos, Emma Grace y William Kurtis.

Lynn, el hilo de mi cometa. Gracias por mantenerme al día y por hacerme las preguntas adecuadas.

Mis verdaderos Ángeles: June, Barbara, Della, Maya, Clete, Michael, Paul y Geronimo.

S.F.H. mi hermano del alma, gracias por enseñarme que hay otros como yo en el mundo.

Obispo Jeffries, gracias por ejemplificar la mayordomía y el amor de Dios por sus hijos.

Y a Lynn le gustaría reconocer:

Donna Taylor. Mi pareja perfecta, literalmente, hecha en el cielo. Brindo por la eternidad.

Devon, Sydney, Joshua, Kai, Margaret y Ari. (Y a los que aún no se han unido a nosotros, inclúyase aquí también).

Devon y Deanne Taylor. Es algo especial cuando tus padres también están entre tus mejores amigos.

Brenda, Paula, Gary, Diana, Alan, Lola y Scott. Hermanos en cuerpo y en espíritu. Los quiero a todos.

Andy, Chris, Craig, Matthew, Ricky y Vinney. Hermanos Kajir para siempre.

Lola, Lisle, Lynn y Nita. Gracias por seguir dirigiéndome y guiándome.

Y al resto de mis guías. Puede que aún no sepa sus nombres, pero ahora reconozco su presencia. Gracias a todos.

ACERCA DE LOS AUTORES

VINCENT TODD TOLMAN nació en Arlington, Texas, y desde entonces ha viajado por todo el mundo, viviendo tanto en Camboya como en Tailandia. Ha trabajado como constructor, técnico informático y productor de televisión y cine. Le encantan los animales, meditar y pasar tiempo en la naturaleza. Sus mayores prioridades son la relación con su Creador, su familia y las personas que conoce. Actualmente vive en Las Vegas, Nevada, con su mujer, Andrea, y sus dos hijos.

LYNN D. TAYLOR se licenció en Ingeniería Aeroespacial por la Embry-Riddle Aeronautical University antes de servir en las Fuerzas Aéreas de Estados Unidos como piloto de combate. Además de escribir, Lynn trabaja en la dirección del gobierno del condado y es miembro del consejo de The Christmas Box International. Vive en el norte de Utah con su esposa (y tutora de cálculo), Donna, y sus cuatro hijos.